ブックガイドシリーズ　基本の30冊
日本史学

保 立 道 久

人文書院

目　次

はじめに

第1部　読書の初め
森浩一『わが青春の考古学』………………………………… 16
青木和夫『奈良の都』………………………………………… 22
藤木久志『飢餓と戦争の戦国を行く』……………………… 28
塚本学『生類をめぐる政治』………………………………… 34
米田佐代子『平塚らいてう』………………………………… 41

第2部　史料の読み
岡田精司『古代祭祀の史的研究』…………………………… 48
笠松宏至『法と言葉の中世史』……………………………… 54
水本邦彦『近世の村社会と国家』…………………………… 60
中村政則『労働者と農民』…………………………………… 66
武田清子『天皇観の相剋』…………………………………… 72

第3部　学際からの視野
ネリー・ナウマン『生の緒』………………………………… 80
石橋克彦『南海トラフ巨大地震』…………………………… 86
成沢光『政治のことば』……………………………………… 92
安藤礼二『場所と産霊』……………………………………… 97
福田アジオ『柳田国男の民俗学』…………………………… 104
中井久夫『治療文化論』……………………………………… 110

第4部　研究書の世界

津田左右吉『日本古典の研究』………………………………………… 118

平川南『律令国郡里制の実情』………………………………………… 124

黒田俊雄『権門体制論』………………………………………………… 130

網野善彦『日本中世に何が起きたか』………………………………… 136

朝尾直弘『将軍権力の創出』…………………………………………… 142

安田浩『天皇の政治史』………………………………………………… 148

吉見義明『草の根のファシズム』……………………………………… 154

曽根ひろみ『娼婦と近世社会』………………………………………… 160

第5部　研究基礎：歴史理論

石母田正『中世的世界の形成』………………………………………… 168

峰岸純夫『日本中世の社会構成・階級と身分』……………………… 174

佐々木潤之介『江戸時代論』…………………………………………… 180

遠山茂樹『明治維新』…………………………………………………… 186

豊見山和行編『琉球・沖縄史の世界』………………………………… 192

榎森進『アイヌ民族の歴史』…………………………………………… 198

はじめに

　歴史学は若く新しい学問である。歴史学らしい歴史学，つまり史料の堅実な操作にもとづいて歴史の変動の総体を考察する歴史学の成立は，人文社会科学の中でもっとも遅く，ヨーロッパでも19世紀からである。しかし，日本の歴史学はもっともっと若い。

　つまり，日本の歴史学の場合，その本格的な学術的出発は1960年代，今から約50年前のことである。私は，日本史研究の分野でそれを象徴するのが，中央公論社からでた『日本の歴史』(1965-67年)シリーズだと思う。あの茶色い本であるが，私などは，まだあの本に愛着がある。私が好きで影響をうけたのは，青木和夫『奈良の都』，佐藤進一『南北朝内乱』，永原慶二『下克上の時代』，そして佐々木潤之介『大名と百姓』などである。このシリーズの著者は，ほとんど，1962年に刊行が開始された岩波書店の『講座日本歴史』(第一次)の執筆者でもあって，ようするに，この二つの企画のなかで，日本史の研究は，はじめてその学問としての成熟の歩みをみせたのである。

　こういうと，第二次大戦直後のいわゆる「戦後派歴史学」を無視するのかという反対意見がでるだろう。しかし，「戦後派歴史学」は，いわば歴史学の青春時代の輝きであったのだと思う。私が大学時代に指導をうけたのは，西洋史の大塚久雄先生だが，大塚さんのような戦後派歴史学の担い手からいえば，大正デモクラシー末期からの時代の歴史学はすでに新興の意気にもえる青春時代にあったということらしい。ただ，その青春は戦争への流れのなかで，一度，挫折したのであって，本格的な歴史学の青春は第二次大戦の敗戦をへて遅れてやって

きたのである。そういう意味で、やはり「戦後派歴史学」の本質は成熟ではなく若さにあったのだと思う。歴史学における学問としての成熟というのは、なによりも着実な考証が内側から充実してきて、具体的な歴史像の叙述にまで自然に進んでいくということである。「戦後派歴史学」にはその余裕はあたえられていなかった。

　19世紀ヨーロッパの歴史学のことを考えてみれば分かるが、歴史学は何よりも安定した環境が必要な学問である。アカデミーとしての歴史学にとってまず必要なのは史料の共有と研究のための施設や、人員・予算である。そして、史料は公開されていてアクセスが可能で、史料批判は自由で、テキストクリティークと考証のための人手と時間が保証されていなければならない。歴史学はこういう手間のかかる学問であることを社会に認めて貰わなければやっていけないのである。しかし、第二次大戦以前には、そういう条件はなかった。たしかに「東京帝国大学」に史料編纂所はあったが、当時の史料編纂所は、国家的な史料の収集・編纂の機関であって、史料編纂所がその設置目的に「史料の編纂と研究」という形で「研究」をかかげ、史料の共有と公開を原則とするのは第二次大戦後のことである。しかもその上に問題であったのは、「皇国史観」といわれた戦争のための「史観」の重圧は、いまでは考えられないほど強烈で、学問研究の自由と思想・信条の自由は局限されていたことである。

　もちろん、そうだからこそ、第二次大戦直後の歴史学、いわゆる「戦後派歴史学」は輝かしい光をはなったということはいえる。私は高校生のころ、明治生まれの祖父に「神武天皇は実在しなかったんだという話しを聞くが、それは本当なのか」と真顔で聞かれて驚いたことがあるが、「皇国史観」の呪縛力は社会全体に及んでいたのである。だから、それを崩して歴史を研究し、新たな歴史像を描くという課題は、終戦直後の社会にとって必須のもので、そのなかで歴史学はもっ

とも目立つ学問であった。研究のための史料的な条件などは、厳しいものがあったが、彼らの歴史的な教養や、史眼・方法意識は、もちろん時代的な限界のなかにあったとはいえ、きわめて高いものがあったのである。「戦後派歴史学」の代表者たちは、みな大学を出ており、嫌味な言い方をすれば、その時代でいえば家柄もよく、能力も高いトップクラスのエリートたちであった。そのような人びとが大量に歴史学の分野に流入してくる時代だったのである。彼らは第二次世界大戦前の上中流の「市民社会」の文化的・教養的な豊かさを身につけており、最初から、日本国家が戦争に流される様子に大きな違和感をいだいていた。これがいわば彼らの世代的な実力だったのであって、とくに彼らが戦前社会を経験的に知っているということは何といっても歴史家としての圧倒的な強みであった。

　こうして、彼らと彼らの直接の指導をうけた人びとは、「皇国史観」の重圧から解放されるや、研究の方法論を組み立て、それを時代や専門分野をこえて交流し、学問にはげんだ。その努力のなかで1950年代の末くらいから、急速に専門的な歴史学研究の体制が整い、1960年代に入って、その最初の成果を象徴する、先述の中央公論社の通史シリーズ『日本の歴史』などが刊行されたのである。

　しかし、それが青春時代だとすれば、それからもう50年以上経っているではないか、それでも「若い学問」というのかという意見もあるかもしれない。しかし、歴史学は長い時間を必要とし、「世代」の単位で進む学問である。私などの世代は、日本の歴史学の青春世代＝「戦後派歴史学」のあとをうけた第二世代である。おかげで、私たちは歴史学の第一段階での成熟の経験を受け取ることができたが、しかし、たとえていえば、私などの世代はまだ20代後半だと思う。

　ともかく歴史学は時間がかかる。しかも、歴史学は過去のなかを手

さぐりで進む学問であるから，そこには決まった道はない。それは，人生と同じように，一歩一歩，進んでいくほかない。私たちは，過去の世界のなかに蟻のようにもぐりこみ，歩いた跡がいつかつながって広い道になり，過去が誰にでも見えるようになることを期待はしている。「宇宙の晴れ上がり」ならぬ，「過去の晴れ上がり」である。私たち歴史学者は，過去が誰にでもよく見えるようになることが，現在の人類社会と世界史にとってどうしても必要であると考えている。

　しかし，その仕事の進行となると，つねに確信をもてるというわけではない。「過去を共有し，記憶の歴史像が歪まぬようにしたい」とはいっても，法学や経済学のように現在の社会に働きかけているという訳ではなく，歴史学は直接の有用性をもたない。「過去のなかを歩く」といっても，行き着くところがどうなるのかは不安だらけである。歴史学という学問は，やはり変わった学問であるといわざるをえないように思う。実際，歴史学を知るようになると，「これは一体どういう学問なのか」と迷うことは多いのである。そこでここでは，そういうときに私たちの世代が参考にしてきた本を紹介してみたい。

　まず哲学の分野での定番は，三木清『歴史哲学』（1932年）であった。いうまでもなく，三木清は，治安維持法違反の被疑者（ひぎしゃ）をかくまったことを理由にして逮捕され，第二次世界大戦の終戦からひと月以上たった9月26日，48歳で豊多摩刑務所の独房で死亡した哲学者である。西田幾多郎（にしだきたろう）の最良の弟子であり，新カント派から出発して，ドイツに留学してハイデガーに師事し，アリストテレスからマルクスまでを読み抜いたオールラウンドの哲学者である。「戦後派歴史学」を代表する研究者は日本史では石母田正，西洋史では大塚久雄であろうが，二人とも三木を通じて歴史学，社会科学の方法論を身につけたことが知られている。いわばご先祖さまのようなものであるから大事にしてもバチはあたらない。

この『歴史哲学』は難解をもって知られるが，日本の哲学界には，体系的な歴史哲学の書としては，いまでも，この本しかないといわれている。そのよいところは，歴史というものについて，「事実としての歴史」「ロゴスとしての歴史」「存在としての歴史」の三つを区別したことであろう。まず「事実としての歴史」の「事実」とは，Tatsache というドイツ語の翻訳であって，三木は，Tatsache とは，Tat（行為）と Sache（物事）をあわせたもので，「そこでは行為と物とが二つでない」と説明している。三木は，おそらく西田の「事行」の論理を前提に，またハイデガーがこの Tatsache という用語に「問題」「運命」という意味を読み込んだことを前提として（『存在と時間』12節），「事実 Tatsache としての歴史」を運命的・歴史的な実践それ自体の意味で使っている。これはイタリアの歴史哲学者，クローチェが「すべての歴史は現在史である（現在性 Contemporaneita をもつ）」というのに通ずるもので，人びとは，「現在の瞬間」に立って，その「運命」「問題」につらなる過去を手繰り寄せる。だから歴史は，ここでは本質的に遡行的に認識されるものとなる。

　このような「遡行」（retroactive）は「回顧」（retrospective）とは違う。遡行とは現在まで連続してきた歴史の運動，「行為＝物」（Tatsache）の実体を手繰り寄せて，自己の経験や記憶と具体的に付き合わせて確認することであって，むしろ「追体験」という表現がふさわしい。そしてそれなしには「ロゴスとしての歴史」は展開しえない。つまりこの「ロゴスとしての歴史」とは具体的には「叙述（歴史叙述）された歴史」という形をとるが，しかし，ロゴスというギリシャ語の原義は，三木においてもハイデガーと同様に「告示＝知」という意味である（『存在と時間』第7節B）。それは過去の記憶と追体験を組み直し，その中から精神に対する「告示＝知」を発見する作業であり，そこに歴史叙述の本質があるというのである。

もちろん，歴史学が分析の測錘(そくすい)をおろすのは過去それ自体であって，「存在としての歴史」の圧倒的な力と永遠に近い時間は，人間に自己の位置感覚を忘失させる。過去は人間の環境となり，環境と人間との物質代謝の中で逆に人間の自己変化がもたらされる。それは一つのランダムな傾向性（法則）として貫いていて，人間を押し流す。歴史は，多数の意思とその環境との多種多様な相互作用の結果であって，たしかに人間の歴史ではあるのであるが，それは人間から疎外されたもののように存在している。三木の別の言い方では「歴史は人間の被造物でありながら，創造者たる人間を隷属せしめる」のである。「存在」はハイデガーのいうように，現在から，外へ（＝Ex）投げ出された存在（＝istenz），すなわち Existenz として偶然的なもの，「過去＝無」として重層していくということになる。

　しかし，三木の『歴史哲学』はハイデガーへの批判の書であった。三木が「過去＝存在＝無」という場合，それはハイデガーのように意味を了解しがたいものとしての「存在＝無＝不条理」であるのではなかった。そこには「無」に積極的な意味を認める東洋思想の伝統が，西田幾多郎を通じて流れこんでいる。こうして「無」＝「存在としての歴史」は「ロゴス（告示＝知）」の光に照らされて，「ロゴスとしての歴史」の意味をもっていく。そしてこれによって人びとは，過去の全体像を記憶のなかに追体験し，過去を取り戻して，その先端に立って，「事実としての歴史」に投企し，歴史的な実践に踏み出す。三木が，ハイデガーのナチス礼賛とユダヤ人弾圧への協調をどこまで意識していたかはわからないが，決してハイデガーのような非合理主義と虚無の立場に落ち込むことはなかった。そこに，三木が戦争体制のなかで獄死するということになった理由があったのである。

　私は，三木の仕事は歴史哲学の達成としては，今でもめざましいものだと思う。しかし，残念ながら三木の死によって『歴史哲学』は未

完に終わってしまった。ハイデガーが、結局、『存在と時間』を完結することができず、それを目指すといっていた「歴史哲学」を構築できなかったのはいうまでもない。

　こういう中で、日本の哲学界にも、そして世界の哲学界にも体系的な歴史哲学は現在でも存在していない。「歴史とは何か」「歴史学とはどういう仕事か」という問題については、結局、歴史家自身による論著やエッセイを参照するほかないというのが実際なのである。

　そこで、次にその紹介に移るが、歴史家の歴史論の代表は、フランスの歴史家、マルク・ブロックの『歴史のための弁明』（岩波書店、2004年新版）であろう。ブロックは20世紀最大の歴史家といわれるが、ナチスへのレジスタンスに参加し銃殺された。この本はブロックが、なかばその運命を予感しながら書いたものであり、「パパ、歴史が何の役に立つのか説明してよ」と始まる。ブロックは、それに答えるという形をとって、自分の仕事について語る。ブロックは歴史家の仕事は職人に似ているといい、この書を「日々の務めに関して瞑想することを常に好んできた職人の備忘録」であるという。そこにあるのは手順にもとづいて史料を読み、考証し、組み立てる職人的な愉楽、「独自の美的な愉楽、その他のいかなる学科のそれとも異なる愉楽」であるという。それを突き動かすのは、歴史学が人間科学としてもつ人間に対する無限の興味であるというのがブロックの説明である。

　その歴史学という仕事それ自体を見つめる内省的な記述は、フランス語の微妙なニュアンスもあって、そう読みやすいという訳ではないが印象的なものである。一番有名なのは「歴史学の対象は本質的に人間である。風景や道具と機械、さらに文書や制度などの背後に歴史学がとらえようとするのは人間たちなのである。よい歴史家とは伝説の食人鬼に似ている。人の肉を嗅ぎつけるところに獲物があると知っているのである」という文章であって、これは端的に歴史学が人間の科

学であることを主張している。しかし，そのほかページを繰るごとに「知ろうと望む頭脳の要請に合わせて史料がお膳立てしてくれることは決してない」「感情の強さが言語の精密さをうながすことはあまりない。歴史家たちにおいてさえ，封建制と領主制という二つの言葉は実に残念な形で混同される」「まず一つの過ちの告白から始めることは決して悪いことではない。過去を研究する人びとが自然におちいるのは起源の強迫観念である」「西欧文明は，その他のタイプの文化とは異なり，常に記憶というものに多くを求めてきた。我々の最初の師匠であるギリシア人とローマ人は歴史を書く民族であった」などなど（一部縮約した），歴史家に内省をもたらす言葉が連ねられている。史料の考証・選択・比較と批判，歴史用語の言語学と分析概念の関係，歴史事象の分類と分野史の意味，自然科学をふくむ隣接科学による分析技術の改善，時代の連続性と区分，世代の概念などなどの話題は味読に値する。とくに前近代史に興味のある方は，よく知られたブロックの名著『封建社会』（岩波書店，1995年）とともに必読のものである。

　ただ，『歴史のための弁明』はブロックがレジスタンスの運動に忙殺されるなかで未完に終わっており，それを補うものとして私たちの世代で読まれたのが，ギリシャ史の大家，太田秀通の『史学概論』（学生社，1965年）であった。章節の題名だけを掲げると「歴史に対する懐疑」「歴史意識の発展」「実証的科学としての歴史学」「精神的生産としての歴史研究」「歴史研究の構造（研究材料・研究手段・研究主体）」「歴史研究の過程（問題提起・研究作業・叙述）」「歴史学の社会的機能（イデオロギーとしての歴史学・歴史学の存在理由・歴史学の社会的有効性）」「人間の科学としての歴史学」ということになる。

　最後の「人間の科学としての歴史学」の部分は，ブロックと同じような内省的な雰囲気がある。太田は，歴史学においては研究主体の世界観や人生的な経験が直接の意味をもつとし，それを「研究主体の人

間的な苦悩を包摂する力をもつ人間的な科学である」と特徴づける。そしてその上で，次のように述べて，この書を閉じている。「人間としての生き方の問題。人間の科学を自負する歴史学は，この問題にも何がしかの助言をあたえることができかもしれない。しかし小宇宙のことはその内部で解決しなければならない。個体としての人間の尊厳を包蔵するこの問いの前に立ち尽くす若い人々に対して，不惑の歴史学は，自己の無力を悟りつつ，しかし人間の科学にふさわしい愛情をこめて，次のようにいうほかない。──ひとりで開けて入れ」と。

　これは歴史学の分野に進もうとする若者への情熱的な呼びかけになっており，私たちの世代の歴史家にはよく知られていたものである。たしかに歴史学は変わった学問ではあろうが，過去を精細に総合的にみる能力を養い，人間が，自己の心と経験をふくめて過去を客観視するための訓練にはなる。私のような惑いの多い人間も，歴史学によって生きる力を支えられてきたと思う。

　さて，ともかく，歴史学はまだ若い学問であり，やるべき仕事は数限りなくあり，覚悟を決めた人手はいくらあってもたりない。本書は，それをわかっていただくために書いた。何歳から始めても，中年になっても，定年後になっても，いま始めれば，それは「永遠の今」である。歴史学の研究は，やり方になれれば，そう金もかからず，また特定の分野の考証にしぼれば，史料の公開やデータベース化が進展した現在，誰でも一級の仕事ができる。その仕事場をのぞいていただくために，以下，30冊の本を選んで，(1)「読書の初め」，(2)「史料の読み」，(3)「学際からの視野」，(4)「研究書の世界」，(5)「研究基礎：歴史理論」という順序に分類して紹介していくことにしたい。御役に立てば幸いである。

第1部

読書の初め

　歴史学に入っていくためにはどうしても読書の習慣が必要である。史料はデータベースである程度は代用できるが，研究書の熟読なしに歴史学はありえない。歴史家の読書は同じ本を繰り返し読むことが必要である。私が大学時代に指導をうけたのはヨーロッパ史の大塚久雄先生であるが，その伝記『大塚久雄　人と学問』（石崎津義男，みすず書房）には，大塚さんが「自分の読んだ本はせいぜい100冊だろう」といったとある。たしかに専門分野の本で徹底的に読むのは，人間のキャパシティからいって100冊を越えることはできないと思う。

　ここで「読書入門」として挙げた5冊は，まずは読みやすい本という意味である。これらが100冊のうちになるかどうかは後の経過にかかるが，ともかく，歴史学に入門するためには，どうしてもそういう本が必要である。それは，やはり学者の書いたもの，歴史専門書を出版している出版社のものになっていく。そういうなかで駅の本屋などに満ちあふれている「歴史本」を自然におかしいと感じるようになるのが，歴史学の初めの一歩である。

　なお，この中には2冊，考古学の森浩一氏の自伝と『青鞜』の創刊者，平塚らいてうについての伝記的研究がふくまれている。歴史家の作業は孤独な作業なので，ときに憂鬱におそわれることもある。そういう時には自叙伝を読むのが，歴史家にとって最良の元気回復法である。とくに，複雑なことの多かった日本近代の自叙伝は気持ちを静め，深いところから我々を励ましてくれる。私の場合の特効薬は，河上肇『自叙伝』（岩波文庫），光成秀子『戸坂潤と私　常とはなる愛と形見と』（戸坂潤の愛人の自叙伝，晩聲社）であるが，私のような年になると，先に逝った先輩や仲間の追悼文集も同じ位置をもつことになる。

　どうぞ，気に入った本を発見されますように。

森浩一

『わが青春の考古学』

新潮文庫，2002 年／『僕は考古学に鍛えられた』として，ちくま文庫，2012 年

——歴史学の青春——

考古学者の誕生の記録

考古学というと，私が思い出すのは，『新編日本史研究入門』（東京大学出版会，1982 年）の冒頭の論文「考古学への招待」で，甘粕健さんが次のように述べていることである。

「考古学の大きな魅力は，美しい野山に散在するさまざまな遺跡を自らの足で訪ね歩き，また自ら汗を流して発掘し，そこに展開された人間の営みを追体験するところから出発する健康な野外の学問であるという点にあるだろう。」

こういう感じ方は，第二次世界大戦後に 10 代を過ごした，いわゆる考古少年たちの共通の経験であり，共通の立脚点であった。その事情をもっともよく示すものとして，森浩一の『わが青春の考古学』をあげておきたい。森は甘粕より 2 歳年上であるが，この本は森が 14 歳の時から遺跡の調査を開始し，23 歳の大学を卒業まえに，黄金塚古墳の本格的発掘を遂行したという破天荒な青春の記録である。この年齢で現在でも考古学の学史に残るような発掘調査を主導したというのは信じられないことだが，そういう時代だったらしいのである。

考古少年として

　第1章「考古学との出会い」は考古少年としての経験が中心である。12歳の時に近くの見野山窯遺跡にいって「調査の記録」ノートを作り始める（調査地と日付だけ，今日まで5冊）というのに驚かされる。とくに大阪府堺市の弥生・古墳時代の遺跡である堺市四ツ池遺跡について現地踏査を重ね，「古代のムラの生活空間の復元」についてのノートを作ったという。少年時代に，漁村と農村の自然の中で学んだことが考古学への出発につながっていったのである。

　森は，この年齢で毎日通学の電車で眺めている古墳よりも，民衆生活を語る遺構・遺物に興味をもったことを「不思議なこと」とも述懐しているが（『山野河海の列島史』朝日選書，2004年），これは，たとえば有名な森本六爾の仕事が示すような第二次大戦前の市民的な研究の影響だろう。さらに驚くのは，学徒動員で飛行機のエンジンを鋳物で作る軍需工場で働いた経験である。その知識と経験が後の銅鏡や銅鐸の研究に生きた。たとえば，その工場で使う鋳物土が鋳物にもっとも適したもので，平安時代の文書にもみえる，この地域で古くから活動した鋳物師たちも，この土を使っていたことを知ったという。少年のころの生活体験がそのまま歴史研究者としての知識に連続していくということは，現在ではほとんどないだろう。

　少年・森が第二次世界大戦の天皇制ファシズムという世相にどう影響をうけていたかは語られない。当時の実際からして，森が軍国少年でなかったとは考えられない。森が早くから『古事記』を読んでいたことにはその影響もあったのであろう。後年の森の一種のロマン的な民族主義はそこに由来するように思うが，森が『古事記』を読み込んでいたことは，文献を考古学によって読み込むという森の学問の特徴を作り出した。その意味でも森は戦争体験を自己の学問に生かした人間であったように思う。

第2章「敗戦直後の考古学」では，森がすでにかなりの考古学の知識を独学で習得していた様子がわかる。その森を研究に駆り立てたのは，敗戦の直前，7月に近隣の黄金塚古墳の踏査に行ったところ，陸軍が塹壕（ざんごう）をほって遺跡を破壊しているのを目撃したことであった。ちょうどそのころ，考古学者の末永雅雄（後の橿原考古学研究所長）が隣村に住んでいることを偶然に知り，黄金塚古墳の惨状を末永に伝え，11月に2人で緊急発掘を行った。すでに，このとき，森は一定の発掘技術をもっており，遺跡を破壊する塹壕がトレンチのような役割をして，ちょうどその壁面に木漆製の楯が露出しているのを発見したという。この楯は，南九州の隼人の人々が儀仗用につかう「隼人の楯」の発掘例の一つとして著名なものであり，これが著者の考古学者としての本格的な出発となったのである。

同志社大学の学生として

　第3章「同志社大学に入ったころ」では，森が早くも関西の考古学者たちと知り合いとなり，その人間関係のなかでとまどう様子なども描かれている。しかし，森は，旧軍隊や占領米軍，そして土取（どとり）や開発による遺跡破壊の中で，緊急発掘調査に手弁当で参加することに集中していた。「"何のために研究をするのですか" などと聞く暇があれば，身体と頭を動かせばよい。僕にとって研究活動は本能の一つの欲望なのである。身体と頭を動かすうちに自分で答えを見つけられるだろう」という覚悟をかたるようになっている。また四ツ池遺跡西部の古墳ではじめての銅鏡を発掘した経験にふれているが，「僕は好んで古墳を発掘したわけではない。破壊される寸前で保存の手だてのない場合に最後の手段として発掘をした」とあるのが重たい発言である。

　第4章「黒姫山古墳の発掘と研究会の結成」は，先にふれた鋳物工場のそばの黒姫山古墳の本格的な発掘の記録が中心である。森は，や

はり敗戦直前に、この古墳が飛行機燃料となる松根の掘りだしのために全山穴だらけとなっている様子を知って、その緊急調査に手を付けたという。発掘の陣容は大学生の森（19歳）と数人の高校生のボランティアだったが、石室の中に大量（24領）の短甲を確認した。さらに古墳中段のテラスにならぶキヌガサ埴輪が厳密に一二尺おきに並べられていることを確認して、古墳時代の尺度について考えたとある（これについては、後に『古墳の発掘』（中公新書、1965年）で試論がだされた）。

　第5章は大学四年の夏休み、対馬と壱岐の旅が中心である。卒業論文の仕上げの時期に、それを脇においで旅にでた理由について、森は次のようにいっている。「僕はそのころ、大陸文化という活字を目にするだけで胸がうずいた」「僕のあせりの原因がわかるだろうか。その年の6月に朝鮮半島でいわゆる朝鮮戦争が始まり、戦後しばらくつづいた東アジアの平和がくずれたのだ。いつまた世界大戦的な紛争に拡大するかもしれない。そうなると大陸へ行くどころではない。せめて大陸に一番近い対馬と壱岐にはいってみよう」「"日本文化と朝鮮文化あるいは中国文化"。そういう発想は、それらの土地に自分の足で立ってみられないだけに思いがいっそうつのった」。

　この時期の森が考古学的な発掘にとり組む中で、こういう視線を養っていたことは見逃せない。もちろん、この対馬・壱岐への旅は「考古学 archaeology とはアルケオロジー（歩け）だ」「旅が考古学の基礎方法だ」という森の持論に関係している。森は、壱岐では偶然に民俗学の宮本常一と出会ったというが、海と交易、漁業を重視する森の学風は、ここに根ざしている。しかし、森は、すでに、このとき、東アジアへの視線というものが、この列島の考古学にとって根本的な意味をもつことを直観していたのである。

本格的な古墳発掘を主催する

　第6章「青春の総括としての黄金塚の発掘」は大学の卒業を前に，黄金塚古墳の本格調査にとり組んだ記録である。森は，この発掘は「戦争の爪痕の後始末を目標とした」「戦後まもなくの発掘とはいえ，その後もこれに比肩できる内容の古式の前方後円墳の発掘例はいくらもない」という。説明の中心は，木棺のなかにあった多量の玉類と中型の中国鏡，そして棺外の多量の鉄製品の中にまじっておかれた景初三年銘の平縁の大型の神獣鏡である。森は，この鏡の発掘ののち，古墳出土の銅鏡について「約半世紀，ほとんど毎日考えぬいた」という。これを読むことによって，いわゆる三角縁神獣鏡は中国の呉に由緒をもつ鏡造師が日本で鋳造したものであるという森の著名な学説の出発点がわかるだろう。東アジアへの関心と発掘調査の経験が直接に結びついているのである。

　さらに興味深いのは，森が，この発掘における鏡の出土状況の調査の経験にふれつつ，この時期，考古学は（遺物の研究ではなく）遺跡・遺構を中心にしなければならないという価値観の「逆転」が起こったと述べていることである。これはこの時期，遺跡の破壊と競争のようにして調査をせざるをえなかった森をふくむ考古学者の気持ちのなかに自然に宿ったもののようにみえる。さらに森は，簡単に古墳が破壊され，村落遺跡，生産遺跡はさらに野放図に破壊されるという事態が，「僕たちをやがて後にイタスケ古墳の保存運動という行動にかりたてることになる」と説明している。ここから，「生涯のあいだに，一度も遺跡保存のために努力も発言もしたことのない人は，本当の意味での学者ではない」という森の原則的な発言が生まれてくるのである。

学者の生き方

　以上，この森の本は，たいへんに読みやすいものなので，是非，手

にとられることをお奨めする。森の青春の時代は、この国の歴史学の青春が始まった時代であり、その時代の歴史学者の生き方をできるだけ研究の出発に近い時期に追跡しておくことは大事なことである。考古学は野外の学問であり、肉体をつかって大地を掘る学問であり、森の言い方では、その中で自己を鍛えることができる学問である。文献史学は書斎の学問で、記憶と概念の操作による消耗に耐える学問である。しかし、両者とも、煎じ詰めれば人間が一人一人でとり組む学問であって、大きな施設も予算も意味をもたない。そういう歴史学にとって、先輩たちの生き方を知っておくことは大きな力になる。

　なお、本書に続いては網野善彦との対談本『馬・船・常民』(河合出版、1992年)、『この国のすがたと歴史』(朝日選書、2005年)を読まれるとよいと思う。森の構想が時代を越えたものであることがよくわかる。また原始時代・古墳時代については寺沢薫の『王権誕生』(「日本の歴史」02、講談社、2000年)が読みやすいだろう。寺沢は森の指導をうけた研究者で考古学を文献史料とつきあわせて物語る森の姿勢をうけついでいるようにみえる。

森浩一（もり・こういち、1928-2013）
　大阪市出身、同志社大学大学院文学研究科文化史学専攻修士課程修了。同志社大学名誉教授。戦後の考古学、古代史研究をリードし一般向けの著書も多数執筆した。生前最後の著作に『敗者の古代史』(中経出版)がある。著作集全5巻が新泉社より刊行中。

青木和夫

『奈良の都』

日本の歴史3，中央公論社，1965年／中公文庫新装版，2004年

——奈良王朝のエネルギーを明確に描き出す——

苛酷な時代

　私は，都立大学の修士課程のとき，非常勤で来られた青木先生の授業をうけた。最初の授業で，先生は，自分の夢は，もし奈良時代に時空を超えて行くことができるとして，朝，起きて，官吏の着る服をきちんと着て，奈良の都の大内裏の門を入って役所まで疑われずに行くことだ。それだけの知識と感覚をもちたいと言われた。『奈良の都』は私が最初に読んだ日本史の本の1冊であっただけに，夢想を語る青木さんはたいへんに印象的であったが，正直，歴史学者というのは奇妙な人種だとも思ったことをおぼえている。

　『奈良の都』は中央公論社版の『日本の歴史』の1冊である。後に知るようになったことであるが，このシリーズは，戦争から解放されて学問をはじめた世代の歴史家が，戦後の研究生活の成果を注ぎ込んだもので名著が多い。そのなかでも，この本は格が高いと思う。政治史が中心だが記述の筋は明瞭に通っていて，しかも文化史も社会史も基本的なことはすべて書いてある。

　とくに青木は，この本を出してからちょうど10年後に，もう1冊，今度は小学館からでたシリーズ『日本の歴史』にも『古代豪族』という巻を書いている。時代ごとの概説の巻で，「古代」を通じて「豪族」

を論じたものである。これがちょうど『奈良の都』を地域の側から補説するものになっているので、この2冊をまとめて机辺においておくとよいと思う。

奈良の好きな人は必読

まず『奈良の都』の解説から入ると、戦後はじめての正倉院文書の調査や、考古学の調査のエピソードが印象的であろう。青木が史料や遺跡の保存にかける情熱が伝わってくる。また類書にない特徴は、数字による説明が多いことで、列島の人口・人口分布から、貴族・役人の数、条里制の説明から物価まで具体的にわかる。

奈良が好きな人には何処を読んでも面白いだろうが、女性の動きに注意している点も特徴で、たとえば本書の扱う74年間をとると、人数からいっても在位期間からいっても半分近くが女帝で、さらに推古や持統を加えれば、7・8世紀は女帝がきわめて多い。これをどう考えるかについて人格論に及んでいるのがおもしろい。元明女帝については心を許して話し合えるのは姉や娘たちだけだったのではないかとして、『万葉集』に残る姉との応答の和歌を紹介している。権力の座についているとますます元気になる人と、機会さえあればやめたいと本気で思う人がいるものだが、持統は前者で、元明は後者であるという。ありそうなことだと思う。

叙述の説得性をましているのが、『万葉集』や物語の紹介が、律令などの文献史料に堅実に結びついていることである。著者には『日本律令国家論攷』（岩波書店、1992年）という論文集があって、研究者には必読のものであるが、いわゆる論文らしい論文はきわめて少ない。著者のエネルギーは、『日本書紀』『律令』『古事記』『続日本紀』（おのおの岩波書店）などの注釈事業に捧げられたのである。いま私たちがこれらの古典を安定した注釈によって読むことができるのは、相当

部分は青木のお陰であるといってよい。

　そういうことで，叙述はわかりやすいが，内容は古典的で堅固なもので，律令公布，平城遷都，長屋王の自殺事件，聖武天皇，大仏開眼，恵美押勝（藤原仲麻呂），そして道鏡と女帝称徳天皇など，奈良時代の政治史を追っていわば淡々と筆が進められる。

　ただ，私はこの本を最初に読んだとき，その最後の結びが次のようになっているのに強い印象をうけた。

　　「さまざまなことが起こったようでもあり，またなにごともなかったかのごとくですらある。往時は茫々として人はすべて亡く，歴史に撰ばれた事と物のみが残っている。」

　普通，歴史家は，こういうことはいわない。往時が茫々とならないようにつとめるのが歴史学の役割であり，現在まで偶然に残った「事と物」ではなく，過去に実在した「事と物」の全体を研究の対象とするのが歴史学である，というのが普通の考え方である。

　しかし，著者があえてこう書いたのは，この時代が，歴史上めずらしいほどの惨酷な時代であったという感慨による。つまり，この本の末尾近くには2ページにわたって王家系図が掲げられているが，天武天皇に続く四世代の王族74人のうち，41人が死刑もしくは流刑の処置をうけている。長屋王事件5人，橘奈良麻呂事件3人，恵美押勝事件20人，そのほか大津皇子，和気王，氷上川継，井上内親王，不破内親王など，系図はバツ印だらけである。先頭の大津皇子の御陵に宿る怨霊が現世の女性の肉身に宿るという話が，折口信夫の『死者の書』の中身であることはいうまでもない。もちろん，人数の多い恵美押勝事件については，結局，称徳女帝が縁座者の多くを許したから，刑罰がそのまま実施された人数は大幅に減る。しかし，それにしても王家の半分以上が刑罰を受けたというのは異様な事態である。

　こうして，天武の子孫のうちで王位継承権をもつ男子が全滅に近い

状態となり、称徳女帝に子どもがいなかったこともあって、天武王統が断絶した。奈良王朝が新鮮なエネルギーをもって、日本の歴史上始めての文明的な法と官僚機構を作り出したことについて、著者にはある種の共感があるだけに、この事態が複雑な感慨をもたらすのは当然であろう。ともかく、私は本書を読んだとき、自分が日本の天皇制をほとんど知ってはいないのだ、ということを自覚させられた。

青木の韜晦と歴史観

青木は1926年生まれで、旧制高校に在学中、徴兵年令の繰り下げで心ならず銃を握ることになった世代である。徴兵の時、何よりも本が読めなくなるのが悲しく、そこで一冊頭にたたき込んでおこうと撰んだ『万葉集』のすべてを、寝食を忘れて暗記したと述懐している。ところが『万葉集』を読んでいるうちに、昔の人たちは、たとえ戦（いくさ）といってもむしろ敵を敬（うやま）っていることを知った。当時の政府が呼号した「鬼畜」などという言葉は一つも出てこない。それが歴史学への出発であったので、「だから、ぼくが歴史に興味をもったのは、あきらかに現実からの逃避だったんです」というのが青木の韜晦（とうかい）である。

著者の歴史学は、この韜晦と逆説をばねにして展開したのであるが、しかし、その根拠には、実際には頑強な歴史観があった。それを示すのが、先に紹介した小学館の『日本の歴史』の一冊、『古代豪族』である。これは日本の天皇制国家をいわば下から、その征討と支配をうけた豪族と地方の立場から眺めたものである。この『古代豪族』を『奈良の都』とあわせて読めば、都からと地方からの複眼的な目で、この時期の歴史をみることが可能になる。しかもそれは「古代」全体に及び、6世紀から11世紀までの通史になる。いわゆる勉強ではなく、普通の読書人でも読める通史として他に例のないものである。

その意味でも青木は、いわゆる戦後派の歴史学を代表する歴史家・

石母田正と同じ、「古代史家」として稀有な存在である。そもそも青木は大学時代から石母田に私淑していたから、よく似てくるのは当然かも知れないが、青木は理論的にも、石母田が『日本の古代国家』（岩波書店、2001年、初出1971年）という有名な著作で展開した「首長制論（Chiefdom）」の立場を継承している。石母田首長制論というのは、律令制国家は「個別人身支配」を建前としているが、内実は地方豪族を媒介とする間接的な統治が強く残っていたという見方である。後にふれるように、石母田首長制論の命脈はそろそろ尽きつつあるように思えるが（本ガイド石母田・平川南の項参照）、しかし、8世紀の地方豪族が、本来、6世紀段階の小君主であった国造（くにのみやっこ）にまでさかのぼる由来をもつことは事実であろう。青木はこれについて、国造とは本来は「国造（くにつくり）」の主体を意味する称号で、「国主（くにぬし）」にふさわしい称号であったという。本来の国造は列島全体で120族ほどであったが、7世紀後半に国造が「国の奴（クニノミヤッコ）」と読まれるようになるとともに、直接に国家に編成され分割されていく。そして、8世紀には500を超えるところまで分割・再編されて郡司制のなかに官人化されたという。

　青木は彼らの姿を、筑前の肥君猪手（ひのきみのいて）や、美濃国の国造大庭などについて描きだす。また備中・備前の古代豪族について、吉備真備や和気清麻呂の周辺を探る形で過去へさかのぼっていく。その話は断片的な史料を繋ぎ合わせながら、見事に組み立てられている。

　他方、青木は、平安時代についても、石母田の『中世的世界の形成』の分析をもとに展望している。この書については別項で論じてあるが（本書第5部）、青木は、そこで描き出された伊賀国の領主、藤原実遠を鍵として平安時代の地方豪族を記述している。もちろん、青木は、石母田の知らなかった史料を使い、石母田を補充する議論をした戸田芳実などの仕事も参照しているが（戸田『日本領主制成立史の研

究』岩波書店，1967年），平安時代の地方豪族を理解する枠組みはほとんど石母田のままである。

歴史の謎への感性

　私はここまで石母田学説に賛成する立場ではないが，青木がところどころで発する大胆な断定は注目すべきものがある。たとえば，青木は郡司の献上する采女が（一般氏族の献上する氏女と異なって）美女でなければならないとされる理由を問う。彼女らは本来，国造の祭祀の際に奉仕する巫女であって，8世紀の出雲国造の史料によれば，国造の就任神事においては巫女が「妾」の役割を果たす。そのために巫女は美女でなければならなかったというのが，その答えである。青木は，国造が自身の祭祀権を天皇に献上したとき，あわせて巫女を進上したといい，そして「歴代天皇が，多数の子女を采女との間に生んでいることは，いいそえるまでもない」と述べている。

　青木が8世紀までの天皇は古くからの司祭者的・呪術的要素が色濃かったというのは，これに関わってくるのであろう。私も8世紀までは神話は宮廷で生きていたと思うが，こういう問題と，8世紀の王族のなかでの惨酷な争いの実在は，どう関係してくるのであろう。『奈良の都』と『古代豪族』の両方をつき合わせながら読んでいると，このほかにも，さまざまな疑問が沸いてくる。この2冊は歴史の謎というものを考える上でも恰好の書であると思う。

青木和夫（あおき・かずお，1926-2006）
　東京大学文学部国史学科卒業。お茶の水女子大学名誉教授。著書に，『日本古代の政治と人物』（吉川弘文館，1977年），『日本律令国家論攷』（岩波書店，1992年）など。

藤木久志

『飢餓と戦争の戦国を行く』

朝日選書，2001年

——飢饉からみる歴史——

応仁の乱の底流——大飢饉

「七度の餓死に遇うとも，一度の戦いに遇うな」

　本書は，戦国時代の「戦争」のベースには「飢餓」があったことを明らかにしている。上にかかげた徳川時代のことわざは，ベースにある飢饉の上に，さらに戦争が重なってきたときの恐ろしさを表現したものということになる。そして，藤木は，その惨酷さを「内戦」という言葉で表現する。現在も世界各地で戦われているような泥沼の「内戦」が日本にも存在したのだという感じ方を読者に要求するのである。

　戦国時代は 1467 年（応仁 1）の応仁の乱からはじまるが，その底流には京都が難民の滞留する飢餓の都となっていた事実がある。そしてその飢えは，応仁の乱の 47 年前，1420 年にはじまった大飢饉，元号でいえば応永の大飢饉から蓄積されたものであるという。

　本書をうけついで問題を追究した清水克行が述べているように（『大飢饉，室町社会を襲う！』吉川弘文館，2008 年），この年は京都大徳寺の真珠庵をひらいた一休宗純の大悟の年である。一休が，琵琶湖のほとり堅田の寺で師につかえて 5 年目。夏にはすでに西国の路上に飢えた人々の姿がみられるようになっていた。一休は，その夏の夜，湖岸になく烏の声をきき大悟したという。その視野の深重さは飢饉にむ

かう世相の暗さを照らすことのできるものであったのであろう。

続いて1443年，1447年，1460年と大飢饉が続き，その度ごとに京都は，飢民が群がる凄惨な様相をみせる。食いつめた人々は街道にでて，最後は首都京都に集まってくる。経済的な発展期にあったはずの室町期の経済社会は，気候条件の変動に対して，意外な脆弱性(ぜいじゃく)を露出することになった。

そして，この飢饉にほぼ重なって，徳政一揆が何度も何度も首都にせまる。しかも，一揆勢は時の流れとともに，大名たちの足軽軍団の中枢に入りこみ，大名たち相互の矛盾を拡大し，その流れのなかで内戦が激発し，室町幕府の中枢が壊滅することになった。普通，応仁の乱というと，第8代の足利将軍，義政の後の継嗣争いのなかで，室町幕府の管領家の細川勝元と山名持豊らの有力大名が争い，その長期化のなかで大名たちは国元にくだっていって戦国大名となっていったと説明される。しかし，そのような政治史の表面の説明では，この応仁の乱が，なぜ首都壊滅という結果となったかはわからない。

それに対して，藤木の描いた応仁の乱の実像は，首都が人々の最後のサバイバルの場という役割を果たすことができず，流餓(りゅうが)の民が，生き残りのために大名の足軽・傭兵と化して首都の機能を麻痺させたというものである。このような内戦によって，幕府の経済基盤であった土倉・酒屋その他の商工・運送資本が機能不全におちいり，中央都市から地方を支配する荘園制的な経済構造が大きく転換していった。著者は「歴史の大きな転換のナゾを解くには，やはり政界の内紛やお家騒動を追うだけでは十分ではないとおわかりいただけたでしょうか」とのべるが，たしかにその説明は泥沼の内戦の構造をいいあてている。これは「内乱」よりも深い構造である。

武装する戦国時代の村

　次の問題は、飢餓の民が流出してきた地域の村落の様相である。そこで藤木が明らかにしたのは、戦国時代のムラが自分自身で武装をしているという重大な事実であった。これはいわば黒沢明の映画『七人の侍』(1954年) の世界である。しかし、決定的に違っているのは、歴史史料による復元では、武装しているのは雇われた浪人－「侍」たちではなく、村人自身であったということである。彼らは、全国各地で同じように、小さな「ムラの城」、山城を構えて、ムラを防衛していたという。藤木は現地の地理や記録にもとづいて、その実態を論じていく。

　ここまでの防衛体制をムラが取るのは、ひとたび戦場となれば、そこは容赦ない略奪の場となり、女・子どもは奴隷として売り払われる運命になるからである。しかも、問題は、状況によっては武装した村人は大名・領主の傭兵となって活動したことである。つまり、村人自身が、野盗・野伏の風習を身につけていたのであって、彼らは立場がかわれば奴隷狩りを行うことに躊躇しないということになる。

　このような民衆の傭兵化と奴隷狩りの実態は、本書の6年ほど前に刊行された『雑兵たちの戦場』(朝日新聞社、1995年) で藤木がはじめて注目した問題である。この『雑兵たちの戦場』は、「中世の傭兵と奴隷狩り」という副題をもつもので、そこで、すでにこの時代の内戦の底流に飢饉があったことが注目されているが、本書は、その飢饉状況を精査し、それにもとづいて戦国時代の内戦を全面的に描きなおしたものということになる。

　実は私は、藤木から、このような飢饉の研究をはじめたきっかけを聞いたことがある。それによると、藤木は1993年の東北の大凶作の厳しさをみて、自分がかつておくった農村の生活の厳しさのことをほとんど忘れかけていたことに大きなショックをうけたという。藤木は、

新潟県の出身であって、その農村での経験は因習に痛めつけられたとはいえ、貴重なものであったとも聞いた。藤木は、それを一つの動因として研究に取り組んできただけに、1993年の大凶作のきびしい様子を前にして、自分の研究対象とする時代の飢饉についてまったく知らないということにいわば震撼させられたという。

その後、藤木は、8年の歳月をかけて自己の研究を鍛え直すために、10世紀から16世紀までの災害・飢饉史料の蒐集・編纂に取り組む。そのうえで、2001年に、本書を刊行したのである(なお、この編纂事業は約14000件の史料を一覧表にまとめた『日本中世気象災害史年表稿』(高志書院、2007年)として結実した)。注目されるのは、藤木の盟友・峰岸純夫が、やはり長期にわたる研究をまとめて、『中世　災害・戦乱の社会史』(吉川弘文館)を刊行したのも同じ年であったことである。中世史における災害史研究は、この二冊によって本格的に開始された。そして、その10年後、2011年に3・11東日本大震災が発生したのである。

私は、それまで災害史研究に取り組んだことはなかったが、しかし、このとき、これが歴史学にとって必須のものであることをはじめて認識し、藤木・峰岸などの仕事のあとを追うことになった。私のような、いわゆる戦後生まれで、生活の体験のなかからの歴史への衝迫をもたないものにとって、これは自己の地盤の脆弱さを痛感させることであった。しかし、中世史研究全体としていえば、藤木・峰岸などの仕事によって東日本大震災の前に災害史研究の枠組をもつことができ、どうにか歴史の現実を追尾する姿勢の筋を通すことができたのである。

歴史学にとっての藤木の仕事

さて、藤木の仕事は、さらに多様なものである。まず逸してはならないのは小学館の『日本の歴史』シリーズの『織田・豊臣政権』

(1975年)である。これはその後の各出版社の『日本の歴史』シリーズの安土桃山時代の巻の範型となったといってよい名著であり、戦国時代の戦争が終結する様相を筋として織田・豊臣時代の全体を論ずるという姿勢が明瞭な通史である。すでに40年前のことであるが、私は、この本を読んで、一向宗の僧侶たちが朝鮮出兵に参加したという事実をはじめて知った。織田信長によって「なで切り」といわれるような抑圧をうけた一向宗の僧侶たちが、秀吉の朝鮮出兵の従軍僧となるということは、戦国時代から信長、そして秀吉にいたる歴史の流れを根底から再検討する必要を明示したといってよい。

そして次の著書としては、やはり『豊臣平和令と戦国社会』(東京大学出版会、1985年)をあげるべきであろう。本書は秀吉政権論であって、戦国内戦の終結にあたって秀吉が関白の地位を利用しつつ、「国郡境目」の裁定者としてあらわれ、「惣無事」という平和令を貫徹させたことを明らかにした。これは、現在では、中学・高校の歴史教科書にものせられる著名な事実である。最近、この惣無事という平和の調整方式は織田政権末期にすでに芽生えていることが明らかにされているとはいえ、藤木の仕事が戦国内戦の終了と徳川幕府体制の形成の基本の筋道を明らかにしたものであることはゆるがないところである。

これらの藤木の著書は「中世社会」について考えるうえで不可欠のものであるといえよう。それを確認したうえで、最後にふれておきたいのは、『織田・豊臣政権』『豊臣平和令と戦国社会』の二冊をだした後、藤木が『戦国の作法』(平凡社選書、1987年)、『戦国史をみる目』(校倉書房、1995年)、『村と領主の戦国世界』(東京大学出版会、1997年)などの著書をだして、つねにその成果をきびしく自己点検してきたことである。

ここで紹介した『飢餓と戦争の戦国を行く』は、その自己自身を乗

り越える作業の現在の到達点である。たとえば『織田・豊臣政権』は，秀吉の朝鮮出兵軍が，朝鮮において奴隷狩りを行い，その奴隷を売り払うことを生業とする奴隷商人をともなっていたことを論じている。しかし，藤木は，この著において，その視野が狭隘(きょうあい)であったとして自己自身を責める。

「かって私など，外国の戦場の奴隷狩りのひどさを知ってはいても，まさか日本国内の戦場で同じことが起きていたなどと，想像さえもしなかったのでした」，しかし「日本中世の戦場でも，女性や子どもたちが，人さらい・人買い・レイプ・略奪結婚の対象とされ，つねに深く内戦に巻きこまれていました」というのである。

説明を省略せざるをえなかったが，藤木は本書において，朝鮮出兵とはいわば戦国の戦争のエネルギーが輸出されたものと説明することができるとしている。そして，戦国時代の日本は，人さらい・人買い・レイプなどをも朝鮮において実行したという訳である。

このように藤木の議論は，きわめて体系的にできており，『飢餓と戦争の戦国を行く』を最新の仕事として確認したうえで，それより前の著作にさかのぼっていくことができる。

藤木久志（ふじき・ひさし，1933- ）

新潟県生まれ。新潟大学人文学部を経て，東北大学大学院文学研究科博士課程修了。立教大学名誉教授。論文集に『戦国社会史論』（東京大学出版会，1974 年），『戦国大名の権力構造』（吉川弘文館，1987 年）がある。

塚本学

『生類(しょうるい)をめぐる政治　元禄のフォークロア』

平凡社，1983 年／講談社学術文庫，2013 年

—— 人類と動物の関係史 ——

　『生類をめぐる政治』は，「犬公方(いぬくぼう)」として知られる徳川綱吉の生類憐み政策がけっして将軍の気まぐれというようなものではなく，徳川社会が戦国期の雰囲気を清算して，国家・社会の文明化を推進するうえで必然的なものであったことを論じ，徳川時代史研究の方向を大きく変えた本である。その文明化の方向は，最近の深谷克己の言い方では，東アジアの法文明化であり，中国化の極点ということだろう（深谷『東アジア法文明圏の中の日本史』岩波書店，2012 年）。当時の東アジアは夷狄（「清」）による中華（「明」）の侵略，清が明にとって変わった，いわゆる華夷変態・華夷逆転の時代である。塚本は，この中で，綱吉政権は，日本こそが「中華」と「儒教」を代表するという抱負の下に体系的な政策をとったという。

　塚本の視野は深く長いが，しかし，その叙述はいわゆる蘊蓄(うんちく)をかたむけるというスタイルで，趣味的だといって批判的な研究者も多い。しかし，こういう史癖(しへき)は，歴史学の研究，とく徳川時代の研究には必要なものだと思う。そもそも徳川時代というのは中国の諸学問を本格的に輸入し，その方法にもとづく膨大で詳細な知識の体系が日本ではじめて生まれた時期である。塚本は，それらに広く目を通し，それをもとに蘊蓄をかたむける。その文明論的な考察は，ときどき塚本の史

癖と微妙な不協和音を響かせ，一瞬，著者は何を言っているのだろうと，文脈の流れがみえなくなる。けれども，それも史書を読むことの一つの醍醐味であろうと思う。

鉄砲・鷹・犬

本書は5章からなっているが，初章の題名は「農具としての鉄砲」。17世紀末の村々には大量の鉄砲があって，田畠を荒らす猪鹿(いのしか)や猿などを追い払うために使われていた。綱吉政権は諸国の鉄砲改めを行い，その一部を取り上げ，一部を登録許可制として村の鉄砲を管理した。たとえば，信州松本藩の場合，城付きの鉄砲は200挺だったが，1687年（貞享4）の鉄砲改めの調査では，在村の鉄砲は1000挺余あったというのである。

本書がでるまでは，秀吉の刀狩りによって民衆は武器をもてなくなったというのが一種の常識であったが，実際には，むしろ秀吉の刀狩りが終わった後，庄屋クラスの地主的な百姓たちが各地の鉄砲鍛冶から相当量の鉄砲を入手していたのである。そして，そういう鉄砲の管理は，無用の殺生を禁ずるという点において，明らかに生類憐れみ政策の重要な一環であった。生類憐み政策は道徳にかこつけて武器を管理しようとしていたというのである。

第2章は「御鷹と百姓」。将軍家の鷹は，御鷹と呼ばれ，家康以来の徳川将軍は，御鷹役人を全国に派遣し，その威権の下に，強力な山野支配権，国土高権を誇示した。それは個々の耕地片に対する支配というよりも，自然と大地それ自体に対する支配というべきものであった。そして，鷹のとった鶴を天皇に献上し，大名に下賜することは，重要な国家儀礼であった。しかし，鷹狩りは，そのための鳥獣保護や鷹場(たかば)の設定など膨大なシステムを必要とし，実際上，それを維持するのは手間や経費の上からも大きな負担になっていた。綱吉は，将軍就

任直後からこのシステムを縮減し合理化することを目指しており，生類憐み政策というのは，それを基本導因として創出された，自然支配の政策であったという。

生類憐れみ政策のピークは，1693年（元禄6），幕府の鷹を野に放つところから始まり，翌々年，江戸の場末に犬小屋を設置して野犬を収容するところにまでいたった。そもそも，鷹飼のためには，鷹餌(たかえさ)とする犬を飼うことが必要であったから，鷹を放って犬が不要となれば，犬の管理をどうするかについて考えるのも当然であったということになる。

第3章は「御犬様始末」。綱吉の生類憐み政策といえば，まず問題になる「犬愛護」の実態に迫る章である。著者は，これを巨大都市江戸のだすゴミ・食物残滓(ざんさい)にあつまる野犬の群という都市問題として捉える。将軍や大名の愛玩犬のなかにはヨーロッパ種の獰猛な「唐犬(からいぬ)」がおり，江戸の野犬のなかにはその血をひく犬もいたし，実際に，野犬に襲われる事件は頻々と発生していた。これをどうにかすることは，生類憐れみという理念を打ち出した以上，自然の支配者，巨大都市の支配者としての権威に関わる問題であったというのである。それを「犬愛護」という論理で乗り切っていくことは，当時，大問題であった「カブキ物」たち，乱暴者たちの風俗としての「犬肉食い」を禁圧することとも関係していたという。

著者は，この時期の犬に関する史料を全国的な視野で蒐集し，細かな分析を加えているが，そこで明らかになるのは，この「犬愛護」の問題が生類憐み政策の中ではいわば部分的な問題，あくまでも巨大都市江戸に局限された問題であったことである。たしかに都市野犬問題などという，今でも対処に困るような隘路(あいろ)にぶち当たったことはスキャンダラスではあったが，もし，綱吉の跡継ぎが夭折(ようせつ)したり，さらに将軍職を継いだ甥の家宣，そしてその子の家継も早世するという不運

がなければ，紀州徳川家から吉宗を迎えるということもなく，綱吉が「犬公方＝奇行の将軍」とされることもなかったろうというのである。

捨子と生類憐み政策の本質

　第4章は「捨牛馬・捨子」。著者は，実は，この問題への対処こそが生類憐み政策においてもっとも重視され，全国的に追究された問題であったことを明らかにした。まず捨牛馬については，「兵農分離」といわれる徳川時代の社会体制は「兵馬分離」でもあったという。つまり，都市居住者となった武家は自分で馬を飼うことができなくなり，牛馬飼養（しよう）のシステムを百姓に委ねざるをえなくなる。村落の側では山野が開発される中で，放牧よりも舎飼（しゃがい）への習熟が必要となり，また農稼ぎ，駄賃稼ぎなどの馬利用が本格化する。戦国期のような軍馬の需要も減少したであろう。この中で，17世紀から18世紀に牛馬の飼養頭数がおそらく半数以下に減少してしまうというドラスティックな過程が各地で進行した。17世紀後半に頻出する捨牛馬問題は，ここに原因があり，綱吉政権は，乗馬身分＝武士身分の誇りをかけて馬の一頭登録と管理体制を構築しようとする。生類憐み政策の基本をなした捨牛馬の禁令は，その反映であったということになる。

　そして捨子や子供殺しについて紹介される実情はすさまじいものがある。これらは，親方・地主などが幼児を引き取って育てる慣習が経済的に割に合わなくなり，しかも急速に膨脹した都市にはまだ人口吸収力がないというなかで発生した問題である。大都市では女の人口割合が小さく，妊産期の女性の乳は商品化されており，子供の養育に問題が発生した場合に，その生命を維持する社会的条件は極小になってしまう。いわゆる個別人身支配のために家族関係まで掌握しようとする人別帳のシステムの導入は，ここに原因があったという。著者は，徳川時代の多くの研究者と同様に，この時期に「小経営」が広がった

ことを強調するが，より普通の言い方をすれば，国家の管理主義的な動きのなかで，社会の生活単位の個人化が進んでいるのである。

　捨牛馬・捨子に対する綱吉政権の施策は，幕藩体制の安定にとって鍵となるような問題であり，以降にも確実に継承された。こうして国家は，民衆と，そのそばに生きる生類の生命と労働の再生産を管理する方向を明瞭に打ち出したのである。ここで塚本がこだわるのは，それが「牛馬」と「子供」を同じ「生類」と呼んで，実際上，同じ管理主義的な視線で一括したことである。塚本はそこに人間をも飼い慣らされるべきものとみる国家思想を発見した。

　最終章は「生類概念と鳥獣害」。問題の中心は「生類概念」にある。それは，平安時代以来，民間に浸透していた仏教的な観念であって，「四生（ししょう）」，つまり「化生・湿生・卵生・胎生」という四つの「生」の形をとる「類」として動物を捉える考え方であった。生物はその四生のなかを輪廻転生するのであるが，この仏教思想の影響の下に，日本ではヒトと生物が感情を通わせあう共通感覚が養われてきたという。生類憐み政策は，この観念を前提にして，人びとに憐れみを説くことによって，憐れみを説く側を持ち上げ，逆に民衆には自己を自然の一部だと観念させ，その精神までをも管理するという論理であるというのが著者の結論である。

元禄時代のイメージの刷新

　以上，簡単な紹介で紙幅をとってしまったが，まず付言しておくべきなのは，刀狩りは，在村鉄砲を取り上げず，むしろ徐々に鉄砲が村に増えていったという本書の議論が，武具，大小の刀をもっていなかった徳川期民衆という誤ったイメージをくつがえす最大の前提となったことであろう（参照，藤木久志『刀狩り』岩波新書，2005年）。このような時代こそが元禄時代であり，西鶴の時代であり，忠臣蔵の時代

であるということを考えると,「綱吉＝犬公方」ということだけでなく, 通俗歴史イメージというものが, 如何に人を誤らすものかが納得できるだろう。

なお, 普通の歴史学者ならば, 本書の成果を前提として元禄時代を問い直し, さらに徳川期の国家論・社会論を構築するということになるだろうが, 著者は, そういう道は歩まなかった。驚くべきなのは, 著者が, 以降, ほぼ独力で徳川時代の史料を切り口として, 日本列島における人類と動物の関係史を追跡するという壮大なプロジェクトを追究したことである。それは本書の続編としての『江戸時代 人と動物』(日本エディタースクール出版部, 1995年)にまとめられているが, 著者の死によってその全体は明らかにされないままに終ってしまった(ただ人類学の伊谷純一郎との対談(篠原徹司会)『江戸とアフリカの対話』(日本エディタースクール出版部, 1996年)は著者の構想がどこに向っていたかを示している)。

しかし, この『江戸時代 人と動物』で是非紹介しておきたいのは「虫を見る目の歴史」という論文である。この論文は「生類」の「四生」のうち, 日本でもっとも重みをもっているのは「湿性」, つまり湿ったものから生まれる「虫」, 蛇・蛙・イモリなどの爬虫類・両生類から昆虫などにいたる「虫」であったという, まったく新しい議論を展開する。私にとって特に興味深いのは, この「虫」観念の中心は蛇・マムシなどにあり,「虫」の語源は, 貝原益軒が「蒸し」, つまり, 熱をもって湿気から生まれる存在であるという点にあったとするのが正しいという結論であった。この「虫」の問題については, 瀬戸口明久『害虫の誕生 虫からみた日本史』(ちくま新書, 2009年)が塚本の仕事を前提に, 明治以降の状況を活写して, 現代の側から問題を照射することに成功している。

それに対して, 徳川期以前の側から問題を提起しておけば, 私は,

日本神話の最高神のタカミムスヒの「ムス」は「蒸す」であり，「ヒ」は「火・日」であろう，つまり，タカミムスヒは「高いところにいる熱をもった蛇」，ようするに龍であり，龍形をもった雷電の神としてゼウスのような存在であろうと考えている。そういう立場からすると，「自然に湿気中に発生する虫という見方，またヒトと他の動物とのあいだに絶対的な区別をおかない感覚は，古くから日本列島上の文字なき民のなかにあり，仏教の浸透によって，湿性や輪廻の概念に体系化されていったのではないかと考える」という著者の視野がたいへんに示唆的なのである。

塚本学（つかもと・まなぶ，1927-2013）

　東京大学文学部卒業，高校教諭，信州大学教授などを経て，国立歴史民俗博物館名誉教授。地方史を拠点に幅広く活躍した徳川時代研究者を代表する一人。著書に，『近世再考』（日本エディタースクール出版部，1986年），『小さな歴史と大きな歴史』（吉川弘文館，1993年），『徳川綱吉』（吉川弘文館，1998年），『生きることの近世史』（平凡社選書，2001年），『塚本明毅』（ミネルヴァ書房，2012年）など。

米田佐代子

『平塚らいてう　近代日本のデモクラシーとジェンダー』

吉川弘文館，2002年

――女性運動の輝きと挫折――

　平塚らいてうの自伝『元始，女性は太陽であった』（国民文庫，1992年）は，最近刊行された，奥村直史『平塚らいてう　孫が語る素顔』（平凡社新書，2011年）と一緒に読むべきものだと思う。大正時代以来の女性運動のなかで，鋭い問題提起と行動の人であったらいてう。しかし，戦争体制のなかで天皇制に帰一するといい，満州の権益は当然などと述べたらいてう。思いやりがあり母性を重視するといいながら，子供・嫁・孫に対して嫌人症に近いシャイなところをみせるらいてう。米田の本書は，そのようならいてうについての初めての歴史学的な分析であって，私は，ここに描き出されたらいてうの輝きと蹉跌，そして再生を確認しておくことは，日本近代史を考える上での必須の手続きであると思う。

『青鞜』と夏目漱石

　らいてうの父，平塚定二郎は，ドイツ遊学をへて会計検査院の基礎を作った明治政府の高級官僚である。第1章「「父の近代」との葛藤」は，らいてうが明治「近代」国家を体現する父との齟齬に傷つき反抗したことを論じている。それは「近代」に対する反抗であった関係で，なかば「反近代の抵抗」であり，女性であることを拒否し，「禅」に

帰入して自己に神性を発見したのちに，自分の官能と肉体を発見するものであったという。らいてうは，そのなかで，いわゆる「禅狂」(ぜんきょう)に走って，文学の師であった森田草平と「心中」事件を起こす。日露戦争の戦意昂揚に奉仕したマスコミが軍国の良妻賢母主義をあおるために，らいてうの事件は徹底的に利用された。これによって，らいてうは，男たちの偏見にさらされ，つねにフェミニズムの前線にいて緊張を強いられる象徴的存在となった。

　第2章「デモクラシーとジェンダーの葛藤」は大正デモクラシーが，女にとっては何だったのかという根本問題を論じる。問題は，らいてうの「心中」相手であった森田が漱石の弟子であったことで，事件の直後，漱石は平塚家に対して結婚を提案し，森田が事件を素材として小説を書くことの承認を求めた。漱石の申し入れを聞いたらいてうが，「封建的な方！」と一言のもとに切り捨てたことは，漱石の物の見方を震撼させた。小森陽一は「平塚らいてうの会」で講演し（「漱石とらいてう」『平塚らいてうの会紀要』第3号，2010年），この事件が漱石がちょうど執筆中であった小説『三四郎』の女主人公，美弥子の描き方に反映したこと，漱石はそこに日露戦後の軍国的世相への強い違和感を書き込んだこと，そもそも女性の批判的な目に点検されることなしには，大正期社会における小説というジャンルの成立はなかったことを論じている。米田の本書を読まれた方は，この小森の講演に目を通した上で，らいてうの『自伝』を読み直されたい。『自伝』の該当部分を読んでいると，これだけのことにあいながら，他者への折り目正しさを失なわない，らいてうの押さえた筆致に感動する。

　こういうなかで，『青鞜』(せいとう)はらいてうを象徴的中心として，女による女の主張という初志をつらぬいた。らいてうは魅力的な人であったのであろう。男の俗物性を嫌悪するらいてうが，夢見がちな奥村博史を弟のように愛し「若いツバメ」と公言するというのは社会への全身

的な抵抗であり（この言葉は流行語になった），自己の安息でもあったのだと思う。米田は，こういう立場から創刊された『青鞜』が「性」のタブーをくつがえす様子を「パンドラの箱をひっくり返したような」と述べ，『青鞜』に投稿されたハラスメントに関わる記事・小説などを細かく紹介している。そしてこの時代の女性とその「性」に対する因習的な圧迫の状況を説明し，『青鞜』が女性の社会的な抵抗の共鳴盤となりえた事情を示した。それによって，1920年代の婦人参政権運動が可能になったのである。こうして，らいてうが大正デモクラシーにおいて現実に果たした実践的役割がきわめて大きかったことが，歴史家によって論証されたのである。

フェミニズムとアナキズム

第3章「「生む性」の社会構想と現実」，第4章「「協同自治社会」の実践と挫折」はらいてうの国家観を論ずる。従来，らいてうの国家観は与謝野晶子との「母性保護論争」を中心にして母性主義として議論されてきた。経済的自立の必要を説いた晶子に対して，母性と労働は矛盾するという立場から国家による母性保護を説いたらいてうという図式である。米田は，この論争を具体的に検討し，らいてうは，晶子の批判によって自分の国家認識の抽象性を自覚したとする。

興味深いのは，これがらいてうが婚姻届なしの同居婚のなかで子供を生み，母性を自覚する過程と併行していたことで，ここでらいてうは果敢な政治行動を呼びかけた。女性の集会・結社の自由を禁じた治安警察法第五条の改正を議会に請願する，史上はじめての大規模な女性運動である。この運動生活は激しく一年半ほども続き，らいてうの役割は大きかったが，「若いツバメ」奥村が自宅が運動事務所となるのを嫌がって病気となり，らいてうも因習的な議員への請願に疲れ切って，田舎に静養にでる。らいてう不在のなか運動は成果を上げたも

のの、らいてうは一方で、帝国議会の限界を明瞭に体得し、他方で動きはじめた「社会主義」と無産政党の動き方を粗暴であるとして嫌うというジレンマにおちいった。

この経験のなかで、クロポトキンの『相互扶助論』の穏和な主張の影響を強くうけ、今度はクロポトキンをベースとする協同組合運動に向かった。これは婦人参政権運動（婦選運動）を続けた市川房枝などとの大きな相違であったが、米田はらいてうの志向を自然なものと評価している。従来、アナキズムは、いわゆるアナボル論争（「無政府主義者」と「社会主義者」の論争）のレヴェルで議論され、実際の歴史のなかでもった意味は軽く評価されがちである。しかし、協同組合的なコミューンを抜きにした「社会主義」が無意味であることが明瞭になっている現在、たしかにらいてうの志向自体は自然なものだと思う。

問題は、それが同時に、らいてうが、「満州事変」後の戦争への翼賛体制に賛同する文章を発表していく過程でもあったことである。それらの文章はそんなに数が多くはなく、曖昧な表現の部分もあるが、「満州」への「権益」は当然のことであるなどという言明は無惨なものである。これをどう考えるかが、第5章「「清算されるべき過去」とその克服」の主題であって、米田は、本書のなかで、ここにもっとも力をいれて分析している。

著者は、その原因を、そもそも、らいてうの抵抗が、先述のように反近代の抵抗というべきものであったことに求めている。そしてらいてうのアナキズムへの傾倒を導いた年下の友人、高群逸枝が神話の巫女のようにして皇国史観に没入するような全体の状況のなかで、そして無産政党への嫌悪のなかで、皇国史観に「からめ取られた」のだという。

らいてうの輝きと神智学

　終章「平塚らいてうにおける「自然」と「社会」」は，この問題について，らいてうは「現実の支配体制としての天皇制を批判できなかった」とした上で，らいてうの自然観，社会観に踏み込んで検討をくわえようとしている。著者の結論は，戦時体制のなかで，自宅のあった成城で10年以上はぐくんできた協同組合を維持できなくなったことが，結局，らいてうを救ったというものである。つまり「理想が破れ，傷つき疲れた精神を自然によっていやす」ほかなくなったらいてうは，北関東の自然のなかに逃避し，筆を断ってはじめて農村労働に従事した。それによって，市川房枝・河崎なつなどと異なって，翼賛体制についていくことを免れたのだという。結局，戦争に追従したらいてうには「戦争責任」があるが，それは「天皇制を批判する」知識を欠いた「無知の罪」であるというのが著者の判定である。

　私は，その上に，らいてうが津田左右吉によって開始された神話批判を理解しようとしなかったことを挙げてみたい。それは，「元始，女性は実に太陽であった。真正の人であった。今，女性は月である。他に依って生き，他の光によって輝く，病人のような青白い顔の月である」という有名な『青鞜』発刊の辞に直接に関わる問題である。つまり，この「元始，太陽であった女性」という文章は，らいてうのアマテラス信仰を現している。この発刊の辞の少し前に書かれた「高原の秋」（『平塚らいてう著作集』1，大月書店，1983年）というエッセイは，らいてうの詩人としての資質をよく示しているものだが，そこに「水浴し果てた後，東天の太陽と合する私は，この身ながら，六合を貫く主催者ではないか」とあるのは，らいてうが毎朝，太陽を拝んで瞑想していたことを示しているらしい。また，戦争中のらいてうは「天照大神に，その生き通しでいられる天皇に絶対帰一し奉る」と述べるところまでいったが，戦後になっても玄米食について「天照

大神以来の天津御食」(『平塚らいてう著作集』7)などと述べている。

　そもそも津田によれば，日神が女神アマテラスであり，皇祖神であるという観念が生まれたのは6世紀頃であって「元始」ではない。津田の神話研究は大正デモクラシーの時期の学術文化における最大の成果であった。大正デモクラシーの華というべきらいてうが，それを理解しなかったのは，米田の言い方にならえば，やはり詩人の「無知の罪」ということになるのだと思う。

　さて，著者米田は，現在，NPO法人「平塚らいてうの会」会長，「らいてうの家」館長をつとめ，らいてうの遺品や史料の整理にあたっており，最近の論文「『青鞜』の原風景」(『平塚らいてうの会紀要』第3号，2010年)でも新史料を紹介している。それは『青鞜』発刊の辞にはブラヴァツキー夫人の『霊知学解説』の直接の影響があった可能性があり，それは父親がドイツの神智学を好んだことと関係しているという重大な発見である。この父親の近代も神秘と非合理をはらんでいたという発見が，らいてうの思想の全体的理解にどう影響してくるか。私は，日本神話を主宰する女神は，本来は「月神」であったと考えており，その立場からも米田の今後の成果も刮目して待っているところである(なお神智学については本ガイド安藤礼二の項目を参照)。

米田佐代子(よねだ・さよこ，1934-)

　東京都立大学人文学部卒業，同大学助手，山梨県立女子短期大学教授などを務める。女性史研究とフェミニズムの動きの中心人物の一人。

第2部

史料の読み

　歴史家が歴史書を読むのは当然だが，同時に何よりも史料を読むのが好きでなければ始まらない。それは研究のためだけではない。歴史家は歴史文化財の保護・保存，アーキヴィストの役割をもたねばならないから，史料を読むことが好きでなければ仕事がつらくなる。

　しかし，現代日本の学校教育では歴史学の位置は決して高くない。そもそも伝統文化の理解に必須の漢文や書道さえ隅に追いやって英語を教えようという没義道な国柄である。

　話がずれたが，そういうなかで，歴史学者があつかうようなナマの史料を高校までの間にみることはほとんどないだろう。それだけにハードルは高いが，史料というものがどういう感じのものかを知るためだけにも，興味のある時代の史料集はほしいところである。歴史学研究会編の『日本史史料』（古代・中世・近世・近代・現代）が手頃だが，もちろん，現在では，相当数の史料の写真やテキストをオンラインで読むことができる。

　しかし，史料の扱いや読みとなると，さまざまな技術的な問題が多く，大学などの授業やゼミで学べれば最高である。ただ私の場合は，母校には日本前近代史の先生はいなかったので，史料の読み方は研究書を読んでそこに引用・参照されている史料を探して自分で学んだ。そして研究会で教えてもらった。歴史史料の読みの訓練は，そういう形でもできることであり，むしろそれが基本だと居直るのも大事だと思う。

　ともかく強い興味があれば史料は読めるものである。以下の5冊をすべて読むのはたいへんだろうが，自分の興味のある時代の史料というものを考えるために，最初の経験としてお奨めである。

岡田精司

『古代祭祀の史的研究』

塙書房，1992 年

———祭儀神話論の到達点———

　奈良王朝は「法（律令）と制度」が優越した国家のようにみえるが，現実には，倭国(わこく)の王権は社会の上層から下層までを「神話と系譜（族姓）」によって連結させていくシステムをもっていた（石母田正『日本の古代国家』岩波書店，1971 年）。これをとらえるには，まず神話についてのセンスが問題になるので，古代史の研究にこころざす人は，六国史や律令を読む基礎的な訓練と併行して，岡田精司の著作に親しんでおく必要がある。岡田は，古代王権中枢部の「祭祀(さいし)」と「神話」の史料を精密に読んで，それを復元し，両者の相互関係を解き明かしながら，この時代の歴史と社会を総合的に捉えようとする。

　本書は岡田の第二論集であって，第一論文集『古代王権の祭祀と神話』（塙書房，1970 年）が「祭祀」と「神話」という問題全体のボーリングであるのに対して，祭祀の側面についての専論となっている。残念ながら，神話の側面についてはまだ一書はまとめられていないが，『岩波講座日本歴史 2』に発表された雄編「記紀神話の成立」（1975 年）があり，問題をとらえるためには，つねにこの講座論文を参照する必要がある。

折口信夫の学統

　さて，二冊揃えてみれば分かることであるが，この二冊はどちらも黒いクロース装である。私には，この装丁がなつかしい。学生時代，机に並べて読んだ折口信夫の著作も漆黒の装丁で，私はそこにほぼ共通する神秘主義の匂いを感じていた。岡田は国学院大学の折口神道学の流れの影響をうけた研究者である。また歴史家には珍しい神道的な宗教心情への理解と詩人のセンスをもち，しかも文章には難解なところがあるから，岡田の仕事にはどうしても折口の影を感じてしまうのである。しかし，いま考えてみると，この本を出した塙書房の本にはほかにも黒い装丁のものが多いから，おそらくこれは私の思いこみなのだろう。

　そもそも，岡田は篤実な実証主義者であると同時に社会科学的な方法意識が強く，折口に近いところにいるだけに，逆に折口に対する批判が強い。それは折口の政治的・社会的な立場から，折口の史料操作の非実証性にまでおよぶ，徹底的なものである。これは青春時代に第二次世界大戦の終戦をむかえた岡田などにとっては譲れないもののようにみえる。それでも岡田が折口の仕事を大事にしていることは，岡田が第一論集の「あとがき」で，「私が固有信仰と天皇制に関心をもつようになったのは，敗戦を境としてのすべての価値と権威の逆転に対するとまどいと驚きから出発する。しかし，ふりかえってみると，国学院という環境で学んだことから受けたものが小さくなかった。特に神道考古学や民俗学にふれえたことは，大きなプラスであった」と述懐していることによくあらわれている。

　さて，こういう研究の出発点からして，岡田のライフワークは古代天皇制の理解となった。それがまず折口の王権論のキーに位置する大嘗祭論を点検し，王権論の全体を組み直すことにむかったのは自然なことである。本書第１論文「大王就任儀礼の原型とその展開」は，

その結論であって，大王就任儀礼の本体は，大王が王宮において昇壇（高御座）し，群臣の宝器奉献と天神寿詞の奏上をうけ，天津日継の地位につく即位礼にあることを初めて指摘した。いまでも原初からの根本儀礼のようにいわれる大嘗会は持統天皇の時代に成立した比較的新しい儀礼であって，その本質は例年の新嘗祭に異ならないというのが岡田の論証である。

そして，新嘗祭の本質が，地方の諸氏族の服属を表現する食物貢献儀礼とそれにともなう聖婚儀礼にあることは，論文「大化前代の服属儀礼と新嘗」（第一論集）で示されたところである。これによって，天皇霊を真床覆衾という呪具によって天皇に付着させる「天皇霊継受儀式」が大嘗会であるであるという折口説には実証根拠はないことが確認されている。折口説は，即位儀・大嘗祭を連続して行うという大正天皇の事例のイメージを神秘化するという側面をもっていたこと，現在の即位礼とその背景をなす国家神道は，歴史的な伝統ではなく「創り出された伝統」の要素が強いというのが岡田の説明である。

すでに1983年に執筆されていたこの岡田の論文は，昭和天皇死去の際の「自粛」という雰囲気に遭遇するなかで，歴史学界全体が繰り返して参照したもので，その前後から，岡田は，内閣の即位の礼準備委員会での意見陳述を要請されるなど重要な役割をになった。その状況は岡田も参加した座談会「天皇祭祀と即位儀礼について」（『日本史研究』300号，1987年）を参照されたい。このように古代天皇制の実態の研究は現代天皇制論に直結してくるのであるが，実証的な研究のうえでは，この岡田論文は「群臣」による王擁立の性格をどう考えるかという問題を学界に投げかけたものとして有名である。その議論は古代史研究の重要な転換点ともなったのである。

伊勢神宮と河内王朝論

　このように岡田の仕事は，従来の固定観念を破るという点にきわめて意識的なのであるが，岡田の学説でもっとも刺激的なのは，神話と祭祀の歴史的な変化を描こうとしたことであろう。つまり，従来，神話と祭祀の政治的性格を強調する場合でも，その歴史的変化を描き出すことはほとんどなかった。それに対して，岡田は王権祭祀が，6世紀以降，内裏の神祇官と伊勢神宮という二つの中心をもつ楕円構造をとるようになったことを強調した。まず前者の神祇官については，第一論集の「律令的祭祀形態の成立」に引き続いて本書序章「古代における宗教統制と神祇官司」が学説史上はじめて全体像を描き出した。また，本書第7章「宮廷巫女の実態」は巫女集団が神祇官の中枢にいたことをはじめて明らかにした。後者の伊勢神宮についても，第一論集「伊勢神宮の起源」「古代王権と太陽神」において，477年，倭王武（雄略）が，巫女が男性太陽神（王家祖神）を祭る場として伊勢神宮を設定したと論じたのに引き続いて，本書第2部「古代王権と伊勢神宮」の三論文が詳論している。伊勢神宮の出発を地方神とする常識的な議論と大きく異なって，岡田は，このとき，伊勢神宮が王族さえ祈祷が許されない，天皇一人の独占する超越神として成立したとしたのである。

　これは第一論集の論文「河内大王家の成立」の「河内王朝論」を前提としたものである。河内王朝論とは，4世紀後半，大王応神の段階で河内平野に王都と陵墓をもつ王家が成立したという，いわゆる王朝交替論の中枢にある学説で，難波の海辺で，原初即位礼としての八十島祭が行われるのは，河内王朝の伝統によるものであるという岡田の推論が，その最大の根拠を提供した。本書でも，奈良時代になっても伊勢の齋王が退下時に難波で禊をするのは，本来難波で行われた河内王家の太陽神祭祀をうけたものであるという実証を追加している。こ

うして，伊勢神宮の成立は倭王武による河内王家の全国権力への発展のなかで，太陽神祭祀の場が東に移されたものと捉えられたのである。

　当時の倭王朝の王統の実態論は，有名な稲荷山鉄剣の出土もあって，いまのところ，議論は決着する様相をみせないが，岡田の議論に説得力をあたえたのは，河内王朝がその即位礼の祭儀神話としたのが海の匂いに満ちた国生(くにうみ)神話であり，そして河内王朝の大和接収にともなう内乱に神武（イワレヒコ）東征伝承の発生理由を求めるという，祭祀と神話の側面からの論述であった。これは岡田自身も認めるようにあくまでも一つの仮説であるが，この時期の祭祀と神話の歴史的な変動を説明しようとしたものとして意義が高い。

神話論の最高の達成

　岡田は以上を前提として，先述の「記紀神話の成立」において，倭国神話の各部分が語られる国家祭祀の時と場を特定し，その体系的な理解を提出した。(1) 高天原 – 日向神話とイワレヒコ伝承を含む天津(あまつ)神(かみ)の神話が宮廷神話の原型をなし，それは即位儀礼の場で詠唱された各伴造(とものみやつこ)氏族の寿詞に反映している。(2) 国生神話が八十島祭，火神カグツチ神話が鎮火祭，アマテラスの機殿(はたどの)神話と岩屋(いわや)神話が伊勢神衣祭(みそ)・神嘗祭(かんなめ)，スサノヲの神やらひが大祓など，神話の個別部分に対応する祭祀を特定できる。(3) 地方神（国津神）神話は諸国語部(かたりべ)によって新嘗祭の場で朗誦され，その代表としての出雲神話（国譲）は祈年祭(としごい)で語られるが，それは王権に対する一般氏族の服属を示す神話であった，というものである。

　詳しくは紹介しきれないが，これが本居宣長以来，神話を祭祀との関係のなかで読解しようとしてきた作業，祭儀神話論といわれる作業の到達点である。神話は特定の祭祀と儀礼の場における音声化と記憶，共有化によってこそ生命力が付与される。歴史学の立場からの神話研

究は，まずその場と時を考証することから出発する。多くの古代史の研究ガイドでは語られることは少ないが，最初に述べた理由によって，この論文の内容をおさえておくことは必須なのである。現在でも，このような全体像を提供しているのは，この論文だけである。

しかし，その確認の上で最後に述べておきたいのは，文献史学の枠を越えて，本当の意味で日本の歴史神話学を打ち立てるためには，神話学そのものとの間での新しい議論が必要とされているということである。私は『歴史のなかの大地動乱』（岩波新書，2012年）という新書で，倭国神話のなかには地震火山神話というべき基調トーンがあり，国生神話は火山神話と理解するべき点があると論じた。これは神話学の松村武雄などの仕事に依拠して展開した議論であるが，岡田は，第一論集の「国生み神話について」という論文で，「（松村の議論は）記紀の作られた神話を無批判に前提としている」として議論しないという姿勢をとっている。この国生神話のはらむ問題については津田左右吉の項でもふれたので（本ガイド第4部），そちらを参照してほしいが，岡田のこの論文の発表は1956年，もう60年近く昔のことであり，そろそろ再検討すべき時期にきている。それは歴史学と神話学との関係を稔り豊かなものとするに違いないと思う。

岡田精司（おかだ・せいし，1954- ）

　国学院大学文学部卒業。三重大学元教授。著書に，『大嘗祭と新嘗』（学生社，1979年），『京の社』（塙書房，2000年），『新編 神社の古代史』（学生社，2011年）など。共著も多数ある。

笠松宏至

『法と言葉の中世史』

平凡社選書,1984年／平凡社ライブラリー,1993年

―― 異質で多様な中世の〈界〉――

　本書の多面的な内容を一言で説明するのはむずかしいが,カバー裏の説明によれば,そのテーマは「中世には,現代とは勿論,古代とも近世ともちがう諸々の界があった。〈もの〉に限らず,人には広狭さまざまな地縁的な界もあれば,血縁的な〈親族境界〉もあり,さらには当然ながら中世独自の〈行為〉の界もあった」ということにある。それに対して,現代の世界はすべてが商品として貨幣に還元され,「物」のゴツゴツした触感と明瞭な陰影をもった境界はなく,人間さえも透明で平均化されているようにみえる。

　しかし,笠松が描き出した中世社会に特徴的な物の「界」を見つめていると,今でも世界の深層には,〈もの〉と〈ひと〉が本来所属する場,その精神的あるいは自然的な秩序があるのかもしれないと感じる。そういう省察を可能にするような異世界の像を提供することは,たしかに歴史学の重要な役割の一つなのである。

　さて,本書は4部構成であるが,「界」というテーマにそくしていえば,Ⅰは「人の界」,Ⅱは「物の界」,Ⅲは「法の界」ということになる。最後のⅣは,それとはすこし外れるが,「史料論」で,法制史の研究者,編纂者として「わからない所をそのままにしておくわけにはいかない」という状況で作ったメモであるという。笠松は日本思想

体系『中世政治社会思想（上）』（岩波書店，1972年）における幕府法すべての注釈者であり，ここにはその経験がつまっている。

人の「界」・物の「界」

その達意の文章の流れにそって，最初から読むことをお奨めするが，ここではⅠ～Ⅲから論文を1本づつ紹介していくと，まずⅠ部の「中世の傍輩」は，「私の子供の頃には，まだ大人のあいだの会話には「ほうばい」という言葉がつかわれていた記憶がある」と始まる。「ほうばい」とは「朋輩」と書くが，民俗学の宮本常一によると，だいたい同い年か，一年違いの食物なども分け合う「友」のことをいい，一回きりの遊びなどにいうツレや年少の子の相手をする場合のトギとは違う言葉であるという。この「朋輩」は中世では使用例がないが，それは「傍輩」（ハウバイ）という言葉にどこか関係があるのではないかというのが問題の設定である。

中世の傍輩の用例で有名なのは，御家人が相互に平等な仲間関係にあるということを主張するときで，たとえば，鎌倉幕府の草創期，鶴岡八幡宮の流鏑馬にさいして，頼朝が熊谷直実に馬場に「的」を立てる役を命じたところ，直実が「射手は騎馬なのに，的立は歩行でやる。それは不平等だ。御家人は傍輩のはずだ」とへそを曲げたという。こういう武士たちの気分は意外と実際上の意味があって，徳政令まで出して御恩の所領が移動することを禁止していた幕府も，それが御家人集団のなかで動くことは認めていた。たとえば傍輩の子供を養子にして，その子に所領を譲ることは自由だったのである。つまり，御家人の集団は，傍輩の御家人の所領について，親族がもっている潜在的本主権と同じとはいわないとしても，それに近いものをもっていたのではないかという。

御家人というと，普通は「御恩‐奉公」の主従関係というのが決ま

り文句だが,「御家人相互を結ぶヨコの人間関係」なしには御家人制というシステムは動かなかった。それはまずは社会集団の一つの形と考えなければならないというのである。しかも傍輩の使用例を調査すると,この言葉が漢籍（かんせき）などに用例をみないわが国独自の造語であって,平安時代には役所の同僚の意味に使われ,「本来完全なタテ社会である官僚組織の中に,平等意識に結ばれたヨコの関係が生まれた」。そして,鎌倉時代に入ると,上は国政の最高に位する公卿集団「議奏」のメンバーから,下は一庄の百姓にいたるまで,傍輩と称し称される人間関係が広まったという。私見では,とくに重要なのは,当時の役所の構造の中にはらまれていた「傍輩」の関係が,その官衙に関係する職人にも及んでいたことであろう。

　御家人の仕える将軍の「家」のみでなく,官衙や職人の業界（＝「道（みち）」）などに属する人びとが傍輩と称しあう。こうして傍輩は,「日常的に何らかの職務職業を共有する集団」という意味の言葉として広がっていき,とくに鎌倉時代に入ると荘園村落の百姓住人たちが相互に傍輩を称するようになる。ほぼ同時に百姓が「一味」する,「一揆」するという行為をはじめることも,これと関係するに違いないということになる。様々な職能や身分をもつ社会集団が分節していき,人びとは,社会がその集団間の相互関係によって編成されていることを,自覚していったのである。こうして民間社会のなかで「一味・一揆」などの濃密な関係が営まれ,徐々に「傍輩」ではなく「朋輩」というにふさわしい民俗的な習俗ができあがっていくのかもしれない。

　さらに面白いのは,ほぼ同時期に本来は法曹界の用語であった「甲（こう）乙人（おつにん）」（甲や乙の人,あれこれの人）という言葉が,特定の職能・身分集団の「界」に属さない局外者,無縁・無権利な人を意味する言葉として登場したことであった。これは逆に社会が様々な集団によって分節されていったために,目立つようになったと考えることもできる。

これらの甲乙人は市町で富裕になるとか，御家人領を買得するとか，その分際を越えた行動，「非器」の（器にふさわしくない）行動が非難される。鎌倉時代は，それだけ社会関係が細かくなって，それらが法的な用語によってあげつらわれる社会になっていたらしいのである。

これをうけて第Ⅱ部では，「物」の「界」，つまり物の社会的な分類や所属のあり方の相違が論じられている。第一論文「仏物・僧物・人物」は，中世における「物」が「仏・僧・人」という界をもっており，その界を越える物には，越えた現状を維持しようとする力と元に戻す力がはたらくことを論じている。そして，これが物の界を越えて売買されたものを元に戻す，とくに甲乙人による御家人領の買得を元に戻すという，「徳政」の根本的な考え方であったという。こうして，徳政一揆というものをどう理解するか，また中世の村落の惣有田が「仏物・神物」とされることの意味など，中世社会の基礎的な状況がはじめて鮮明になったのである。これについては，笠松の『徳政令』（岩波新書，1983年）でさらに詳しく論じられている。

笠松法史論のエッセンス

次のⅢ「中世の法意識」という論文は，「界」というテーマにそくしていえば，中世に存在した様々な法と法，そして法意識と社会の常識それ自体の「界」を論じたものである。私には氏の流れるような文章を要約することはできないので，長くなるが引用させていただくと，

「（中世には）微妙に喰い違う多くの中世法が同時にそれぞれの効力をもっていた。全国どこへ行っても，同じ一つの桝なら，人は桝を意識することなしに生活することができる。しかし納めるときの桝と，支払われるときの桝がちがう中世の社会で，人は桝をわすれては生活できない。それと同じように，どんな思いがけない「法」が彼の敵から主張されるかわからない中世社会では，人は法を意識することなし

には自分の身を守ることはできなかったのである。」

　この章の小節は「問状はわが安堵」「隠密の法」「非理法権天」「景迹(きょうじゃく)の法」「守益の理」というもので，史料に登場する，すぐには意味のわからない言葉を周到な用意のもとに読み解いていく著者の論述の冴えはすばらしいものである。

　しかし，実は，この論文は笠松の法史論の総括ともいえるような全体的展望を示した雄編であり，このレヴェルの俯瞰(ふかん)的議論としては中田薫「古法雑観」(『法制史論集』4，岩波書店，1950年初出)に続くものである。もちろん，中田との間には石母田正がいるが，笠松はむしろ中田に立ち帰って問題をとらえ直し，通説化している石母田の法史論を鋭く批判している。たとえば御成敗式目は「民間の道理」にもとづくというのが石母田をふくめた通説であった。それに対して笠松は，式目付属の北条泰時書状の「武家の習，民間の法」という言葉の誤解に発するとして，中田の「理は制法に矛盾しない範囲内においてのみ法の内容である」に過ぎないという理解を踏襲する立場をとる。

　中田の議論を受けついだ笠松の省察は比較法史に及ぶ鋭く視野の広いものである。ここでも引用を許していただくと，「わが国中世社会では，──立法者自身が新しい立法を「新制」とよび，受容者は，これを「新御法」とよんで迎えることに何等の抵抗が認められないばかりか，「新しき」ことに「古き」に優越する価値を与えているのを見出すことができる。積極的な根拠を呈示することは事の性質上きわめて困難であるが，おそらく「古き良き法」の観念は存在しなかったとみてよいだろう」などという指摘は法史学の常識をくつがえす位置にある。笠松は後に『中世人との対話』(東京大学出版会，1997年)のなかで，歴史学という学問は何よりも「抽象と論理を生命とする」と述べているが，この論文は，史料に即した抽象と論理の冴えを示す点で出色のものであると思う。

笠松の研究論文集に挑もう

　さて，本書を読まれた後には，笠松が中心になって網野善彦・石井進・勝俣鎮夫とともにまとめた『中世の罪と罰』（東京大学出版会，1983年），佐藤進一・網野善彦と鎌倉末期・南北朝時代を語り合った記録『日本中世史を見直す』（悠思社，1994年），さらに網野と二通の鎌倉幕府下知状についての詳細な逐語的対話を行った記録『中世の裁判を読み解く』（学生社，2000年）などに進まれたい。これらは中世史料を読む視点を養う上で最適のものであるが，この国の戦後の中世史研究の奥座敷をのぞくような経験でもあるはずである。しかし，ある段階で，著者の研究論文集『日本中世法史論』（東京大学出版会，1979年）に挑むべきであろう。いうまでもないことながら，笠松の仕事の基礎には古典的な法史論があり，それなくしては，笠松の流麗な論述はありえなかったことを実感してほしい。

笠松宏至（かさまつ・ひろし，1931- ）

　東京大学文学部にて佐藤進一に学ぶ。東大史料編纂所教授，神奈川大学教授などを歴任。東京大学名誉教授。

水本邦彦

『近世の村社会と国家』

東京大学出版会，1987年

――地域からの国民国家形成――

　徳川時代の史料はわかりやすいというが，その文体は読みにくいように感じる。つまり，室町時代までの古文書の文体は変形漢文といわれる倭語化した漢文である。漢文を習っていれば，それなりに読むことはでき，だいたいの意味も漢字から推定できる。これに対して，徳川時代の史料，とくにその前半期の史料は，いわゆる「そうろう文」になり，俗語・口語がふえ，舌足らずな感じが残る。その文体と用語の起源は，おそらく室町時代の地域村落＝「惣」の掟書・置文などにあるといってよいだろう。

　考えてみれば，老中・年寄・若年寄などという徳川幕府の役職名自体が，律令用語や室町時代までの「執事・管領」などの武家職制の用語とはまったく異なっている。若年寄というのは変わった言葉であるが，それは「老若」などといわれた「惣郷・惣村」の自治組織の呼称の系譜と対応するらしい。徳川前期の村落関係文書は，支配層から村落に充てられるものもふくめて，そういう田舎(いなか)のにおいが強くなる。それらは，中国文明の表記法から離れて日本で独自に作られた文体であったといえると思う。その意味では，徳川幕府の形成とは，いわば純粋な国民国家の制度が地域社会の基礎から作りだされていく過程でもあったのである。

徳川期の古文書の勘定高さ

　それにくわえて，徳川期の文書には，独特の勘定高い理屈のようなものがある。そこには『地方凡例録』などの地方書といわれる地方行政手引書の論理や用語法が反映しているのである。それは土地とそこからの納付物を数値に換算する独特の方式であって，その規制は太閤検地によって作られた。つまり，検地によって田地の「測量・位付・石盛」（面積・豊度・収穫量）を測定し，それに準じて村の田畑・屋敷の全体を評価して村高を決め，本年貢（本途物成）と付加税（高掛物）を算出する。他方，山野河海についても，その関係収益や営業税を小物成として米銭に換算して細かく算定している。これは室町時代までのおおざっぱな山野河海の領有システムよりも圧倒的に細かなもので，必要な場合は，それも村高に付加するというような統一化の作業が行われる。このような地方仕法・算法が，いわゆる和算の算法をふくめて整理されていったのである。

　その説明としては，いまでも中田薫の「徳川時代における村の人格」（『法制史論集』2，岩波書店，初出1920年）などの論文が有益だろう。中田は明治時代の土地法，諸判例についての法実務の理解にもとづいて，いかにも法学者らしく，地方書の論理を体系的に説明している。そして，中田が強調したのは，このような数値はすべて村に付与され，村は課税団体として年貢を割り当て，訴訟や協約，さらには村有財産をもつ主体であり，一言でいえば組合的な惣有を行う法人格であったということである。歴史の研究者はこれを村請制という。

　中田は，明治国家がこの村落の総有関係を接収して行政組織による公有に転化したことが，日本資本主義に強い国家的な性格をもたらしたことを示唆している。これは大事な論点であるが，しかし中田は，この点を深く追究するのではなく，むしろ，この村の自治的な法人格はヨーロッパのゲルマン法と同じものであり，日本はアジアと異なる

ヨーロッパ的な封建制の国であったことを示すと論を進める。これは日本近代に独特な「脱亜論」の一種である。

「村」の読み方——自治と行政

むしろ歴史学にとっての問題は，徳川社会が東アジア的というべき強い国家的な性格をもっていながら，その基礎単位をなす村が自治的な法人格をもっていたことをどう考えるかにある。水本の二冊の研究論文集，①本書『近世の村社会と国家』，②『近世の郷村自治と行政』（東京大学出版会，1993年）は，この問題を史料にそくして考えた著作である。このうち，前者は1987年，後者はその6年後に出版されたものである。この①②の題名が「村社会→郷村自治」，「国家→行政」と変化していることが著者の研究方向を示している。

まず「村社会」から「郷村自治」という変化について説明すると，①の著書では，議論の中心が太閤検地の時期に「村切」(むらぎり)（村の間の領域確定）をうけた後の「村」という単位村落にあった。その「村」の村掟(おきて)が細かな生業と生活習慣にまで及んでいる様子や，「村惣中」(むら)という（花押）の存在など，村が法人格をもつ集団であることが詳細に論じられる。これに対して②の著書では，村を越えた「郷」の世界，村と村の連合や重層の関係に焦点があてられ，しかも，その中身が「自治」という性格をもっていることが強調されるのである。

水本が追究したのは，室町期の惣村が徳川期村落になっていく過程であるが，惣村も「惣郷-惣村」といわれるような重層性をもち，自治的な性格をもっていた以上，事態は基本的には変わっていないと，水本はいう。変化は量的なもので，とくに「村」の凝集力の強化にある。それによって村を単位とし，村を代表して営まれる関係が，地域の農業から商業にいたる諸生業の脈絡のもとで，さらに複雑な広域構造を新しく作り上げていくというのである。「郷村自治」とはいって

も，自治の舞台は多種多様な村落結合の連鎖・重層構造になっている。それが旧来の「郡郷」をも越える広域結合の基礎にあるというのが，その見通しである。こうして，室町戦国時代は「自力」（自力救済），徳川期社会は自治の否定という一時期の図式的な議論が退けられた。

　他方，「国家→行政」という著書の題名の変化も重要なものである。ようするに，水本は，ここで徳川期国家を明瞭に管理主義的な行政国家として捉える方向に舵を切ったといってよい。①の著書では，村切りとは村々の境界領域の確定であるとして，太閤検地は，大百姓からの小百姓の保護を意図する「小農自立」政策であるのではなく，むしろ土地行政原理の共同体への貫徹として論じられる。小農自立なる現象は，公開・均分・文書化などの行政原則の下で土地に人の集団をつけていく管理過程であったということになる。基礎にあるのは，先にみた「惣村から徳川村落へ」という村落関係の展開のなかで，村落構成の合理化と形式的な平等化が進んだという把握である。これが政策論ではなく，共同体論として展開されたのが重要である。

　このような把握を前提として，②の著書では，強力な管理主義的行政権力の存在が強調されることになる。①の諸研究はおもに近江国の村落文書が素材となっていたが，ここでは新たに南山城の文書・村絵図が活用されて，村落が重層する構造に焦点がすえられる。そこには，多数の庄屋衆がになうような郷村行政の構造が明らかにされている。共同体の上層部がより広域的な共同組織を作り，それが集団主義的な行政支配の基礎を作り出していく。このような地域の上部に巣くう郷村行政に連接する形で官僚的な奉行の広域行政が機能して，国家支配ができあがっているのだというのが水本の考え方である。

『徳川社会論の視座』

　以上のように要約すると抽象的な枠組だけになってしまうが，この

二冊の本が示すのは，わかりにくく断片的な村落文書の世界に沈潜し，それを読み解く手間のかかる作業の蓄積である。私は，水本が村役人の地主としての性格を論ぜず，それを捨象していることは問題が残ると考えるが，しかし，徳川期村落論の分野では，この二冊の著書の位置はきわめて大きい。

さて，水本の新著『徳川社会論の視座』（敬文舎，2013 年）は，①②の研究論文集の内容を，より明解に徳川社会論として展開したものである。とくに，そこに収められた論文「徳川の社会と自然」は，山野の植生の「はげ山」化の問題を取り上げている。現在 20 ヶ国分ほどが残存している正保の郷帳（1644）の俯瞰的な分析によって，17 世紀半ばには全国各地で，山野が「草山・柴山」，さらには「はげ山」になっていたことが明らかとされた。郷帳とは，徳川時代に四回にわたって国絵図と同時に一国単位で作られた原簿であって，その分析は史料論としても興味深い。

このような「草山化」がいつ頃からはじまったかはまだ正確なところはわからないが，おそらく室町時代の後期には各地で進展しつつあったろう。実際に室町時代の惣村の掟書で，山野の草木利用が神経質なほど制約されていることはその証左である。これはいうまでもなく，山野の草・柴などが田畠の苅敷きに投入されたためであって，田畠1反あたり，必要刈敷量が馬 20 駄分（2 トン強），山地面積にして 10 反〜12 反，ようするに，毎年，田畠面積の 10 倍の山地の草柴を刈ることが必要になるのである。

人びとは室町時代の飢饉状況のなかで必死に刈敷用の山野の確保にはしったのであろう。そのなかで村と村の間の境界領域の所有の行方が最大の問題となり，その延長において，太閤検地が山野河海の境界領域の管理の徹底化を行ったのである。水本の①②の研究論文集は，惣郷 - 惣村の構造から徳川期村落の仕組みへの移行の解明を課題とし

ていたが，ここにその基礎にあったものが明瞭に摘出されたといってよい。

その他，この『徳川社会論の視座』は「町・浦・道」などにそくした史料の取り扱い方についての議論をふくんでいる。叙述もいよいよわかりやすくなっているので是非参照されたい。

ただ，この本はそれ自体としては，水本の徳川社会論の本格的な展開となっている。そこで水本は，朝尾直弘の議論に依拠して，幕藩制社会を「身分集団によって構成された社会」，ヨーロッパ絶対主義について「社団的編成の社会」といわれるような社会として，徳川時代史研究において，いまだに通説の位置にある「封建制社会論」に訣別した。私は，徳川日本をヨーロッパと比較して議論することには大きな限界があり，むしろ前述の地主制の問題をふくめて東アジアとの類似性から論じていくべきものと思う。しかし，今後の研究において水本の転換の意味が無視できないことは明らかである。

水本邦彦（みずもと・くにひこ，1946- ）

群馬県生まれ。京都大学大学院文学研究科博士課程修了。京都府立大学・長浜バイオ大学名誉教授。著書に，『徳川の国家デザイン〈日本の歴史10〉』（小学館，2008年），『村　百姓たちの近世』（岩波新書，2015年）など。

中村政則

『労働者と農民』

日本の歴史 29, 小学館, 1976 年／小学館ライブラリー, 1998 年
——オーラル・ヒストリーによる近代資本主義の暗部——

言語に絶する社会

本書は, 人々からの聞き取りを歴史学の史料として使った最初の本格的な試みである。著者の中村は,「この 10 年間, 私がこの足で歩き, 直接に会うことのできた, なかば有名, あるいはまったく無名の人々を主人公としてえらんだ」と述べている。中村は, 企業人事書類, 地主書類, 小作・雇用契約書などの膨大な文献史料の精密な分析を準備した上で, 各地を歩き, 大量の談話のメモとテープを作成した。中村は,「いまは, 明治生まれの人たちの体験談を記録にとどめることのできる最後のチャンスだという判断があった」としている。中村が, この経験にもとづいて, 後年,『昭和の記憶を掘り起こす 沖縄, 満州, ヒロシマ, ナガサキの極限状況』（小学館, 2008 年）というオーラル・ヒストリーの方法と実践の書を書いたことも特筆しておきたい。

本書は, 導入の「女工・坑夫・農民」を読んだら, 次ぎの「資本主義の原罪」という理論的な説明は飛ばして, 小作人, 女工, 坑夫などの労働と貧困の実態を論じた諸章に進むのがよい。歴史事実を具体的に辿ったことのない人には, それは言語に絶するはずである。

まず「地主と小作人」という章では, 1880 年代における徳川期の農村秩序の破壊と農村の窮乏, その原因としてのデフレ, 重税, 寄生

的な大規模地主制の形成が確認され，その下に隷属的な小作制が改めて一般化していった様子が辿られる。そして，「生糸と軍艦」「綿糸とアジア」では，しばしば5割を超える小作料の下であえぐ貧農の家族から絞り出されるようにして，女工たちが家計補助のために工場にでる様子が確認される。この娘たちの賃金によって高率小作料を小作人から取ることが可能になり，逆に親への孝行という名目の下に低賃金が合理化される。高率小作料と低賃金が相互にささえあい，大地主制と資本主義を強く結びつけていたのである。

　女工の労働については，中学・高校の教科書にも，その厳しい長時間労働が書かれている。朝6時前始業，夜9時終業という労働時間が図になっていることも多い。しかし，それを子供たちに実感として伝えるためには，本書を読み，女工の労働が若い女性の柔軟な労働を酷使して使い捨てにした奴隷的な実態を知ることが必要である（なお，実際に女工賃金のうち80～90%以上が前払金などの名目で親元に直接にわたされていることは中村によってはじめて論証された。詳細は中村『近代日本地主制史研究』東京大学出版会，1979年）。

　「地底の世界」では石炭産業の労働者の実情が扱われる。石炭産業の基礎が幾十万・幾百万とも知られぬ奴隷的な坑夫労働にあったことはよく知られている。たとえば三池炭坑でみれば，1890年代の坑夫の60%余が囚人労働によってしめられていた。これは明治初年の官営鉱山のやり方を引き継いだものであるが，これが坑夫が「下罪人」と通称された直接の理由であった。中村は，ただ番号だけが付された囚人坑夫の墓地を踏査して，「日本資本主義というものはものすごいことをやって発展してきたのだなあ」という感慨を述べている。さらに納屋頭が坑夫を納屋にすまわせて日常生活から坑内労働の指揮にいたるまで請け負うシステムが長く続き，また被差別部落の人々に対する身分差別が持ち込まれていたことも重大である。

繊維産業によって外貨を獲得し，それによって欧米から機械・船舶・金属・兵器・軍艦などの重工業製品と軍事品を輸入するのが明治時代の貿易構造であった。三井・三菱などの大財閥は，工業化のためのエネルギー産業＝石炭産業を握ることによって巨富をきずきあげた。日本の資本家は，この繊維産業と炭坑産業における囚人・児童・女性などの弱い立場の人びと対する，なかば奴隷的な労働の搾取によって資本の強蓄積を行ったのである。

日本資本主義を論ずる

「資本主義の原罪」という章で述べられた理論的な説明は，経済学の山田盛太郎『日本資本主義分析』（岩波文庫，1934 年）に依拠したものであるが，『分析』は第二次世界大戦前に書かれたもので，内務省警保局の検閲への対策もあってたいへんに難解である。しかし，本書によって労働の実態を具体的に知ってから『分析』を読めば，その理解ははるかに容易だろうと思う。私の大学時代には，本書はまだ出版されていなかったので適当な本はなかった。私は宮本常一等著『日本残酷物語』（1959〜61 年，平凡社ライブラリー）を読み，また本書も参照している横山源之助『日本の下層社会』（1899 年，岩波文庫），細井和喜蔵『女工哀史』（1925 年，岩波文庫）なども読もうとしたが，なにしろ文体も古く通読できなかったのではないかと思う。本書を手引きとして，ぜひ，これらの著作にも目を通すことをお勧めしたい。

これらのなかば奴隷的な労働の実態は，中学校・高校の歴史教科書にも書いてあるように，歴史学的に確定した事実である。現代日本が資本主義社会である以上，その形成の実態認識が歴史意識の根本にすわるべきことであるのはいうまでもない。しかも，それは，単に資本主義の形成という経済史的な事実に関わるのみでない。つまり，歴史認識は，人びとが，それを認識し，どう行動したかという問題を含ま

ねばならないのである。私たちは，彼らの子孫なのであって，これは Contemporary という意味での「現代＝現在」を何時からと考えるかという歴史認識の根本問題にかかわってくる。本書は，この時代に，「現代」の開始を考えるべきことを明示している。

「動き出した民衆」と大正デモクラシー

こういう立場から，中村は，本書の後半で，抑圧と貧困にもかかわらず，その中から「動き出した民衆」の姿を追究する。いわゆる大正デモクラシーが，民衆世界における広汎な社会運動，労働運動や農民運動の本格的な開始に支えられ，それを促進していた事実の解明である。中村は，それを，この時期の社会運動者たちへの聞き取りを通じて，語り手の人生を追体験するかのように語る。彼らの群像は魅力的なものであり，その不屈さにはやはり心打たれるものがある。

たとえば，女工の労働運動について語った高井としをは，『女工哀史』を書いた細井和喜蔵の妻である。彼女は 18 歳のころ豊田織機で働いていたとき，うけとった大日本労働総同盟のビラで，吉野作造が，人間の平等を説き，労働者の権利と団権権を説明するのを読んで，東京にでて 1921 年の東京モスリンのストライキに参加した。その組合の縁で細井と出会い，細井が若くして死ぬまでの三年間，細井の生活費をかせいで『女工哀史』の執筆を援助した。細井の死は『女工哀史』公刊の翌月であった。彼女には自伝『私の「女工哀史」』（岩波文庫）があるが，この書は下層の労働女性の『自伝』として，上層階層の女性の大正デモクラシーの経験を示す平塚らいてうの自伝と対比して読むべきものだと思う。このような庶民の運動者が無数に生まれていたのである（彼女は，第二次大戦後も，不遇で貧困な生活の中を生きたが，失業対策事業従事者の組合，全日自労の活動家として闘い続けた）。

農民運動の経験者の代表は，1926 年の鳥取県西伯郡の箕蚊屋小作

争議の勝利を導いた指導者，大山初太郎。当時，1922年に設立された日本農民組合は全国で小作料減免や耕作権の擁護をめぐって活発な行動を展開し，大きな成果をおさめた。「今年ゃ三割　来年五割　末は小作の作り取り　押せ押せ　ドンドン」という農民歌の「今年ゃ三割」というのは小作料永久三割減の要求を意味する。日農が町村議会選挙に積極的に取り組んだことも重要で，箕蚊屋では村会議員68人のうちの35％を獲得したという。大山は，この時期の小作運動の指導者がみなそうであったように，人びとの信頼があつい精農であった。彼は日本農民組合の演説会に参加して，「俺も何かやらねば」という義憤にかられて行動を開始し，日農の常任委員もつとめた。農村の状況は大きく変化する方向をみせていたのである。

残る巨大な謎

　これらは，大正デモクラシーの時代がもう一つの日本の道の可能性をはらんでいたことを教えてくれる。しかし，中村は本書執筆のとき，まだ37歳。その記述には，この時期の社会運動が分裂・先鋭化・崩壊の道を歩んだことをどうとらえるかについてのとまどいがあるように思う。1920年代には吉野作造・大山郁夫・賀川豊彦などの大正デモクラシーの時期の思想家・運動者の影響が強く，その活動の意味はきわめて大きい。しかし，それに続く社会運動はいわゆる無産政党の分裂と天皇制ファシズムへの妥協，福本イズムや過激主義の色彩を払拭できなかった共産主義運動の弱点などのさまざまな問題にぶち当たった。本書は，そのなかでの人びとの迷いや苦闘についてふれているが，そのような問題を乗り越えることが，何故できなかったのか，総体としてはどこに問題があったかについての確定的な議論は書かれていない。これは本書が通史ではなく，『労働者と農民』という社会の基層の実情を分析することを中心としていたためであろうが，これ

が残された問題であることも明らかであろう。

　さてもう一点。網野善彦は，中村が坑夫に対する蔑称として問題にした「下罪人」という言葉について，その元来の形が「外財人」であったことを指摘した。鎌倉時代においては，外財とは家の「内」ではなく「外」にある「財」，それゆえに「外財人」とは商工民その他の財産のスタイルをいった（『中世の非農業民と天皇』岩波書店，1984年）。網野は，それが差別された人びとを表現する言葉に転化したのは南北朝時代，網野のいう経済の「資本主義化」のなかで起きたことであるとする。この言葉がさらに徳川時代にどのように変容を遂げ，明治の官営鉱山において使用されるようになったかは，まだ研究がない。ただ，ここから明らかなことは，明治時代の「なかば奴隷的な隷属」というものは，徳川期以前の社会に連続するということである。その意味では，女工・小作人の隷属のあり方を知っていることは，前近代史の研究者にとっても，その責任に関わる問題なのであろう。前近代社会の民衆が奴隷的あるいは「農奴」的（つまり部分的に奴隷的）な隷属のあり方におおわれていることは明らかな事実だからである。

　私は，これらの巨大な疑問を提起したという意味でも，本書は，日本史研究の基本書のなかでももっとも大事で欠くことができない本であると考えている。それが「史料を読む，そして聞く」という営為から生まれていることは歴史学の本質を示しているのではないだろうか。

中村政則（なかむら・まさのり，1935-2015）
　一橋大学大学院経済学研究科博士課程修了。一橋大学名誉教授。経済史を基礎に幅広く活躍した現代史研究者を代表する一人。著作に，『日本近代と民衆』（校倉書房，1984年），『明治維新と戦後変革』（校倉書房，1999年），『戦後史』（岩波新書，2005年），『『坂の上の雲』と司馬史観』（岩波書店，2009年）など。

武田清子

『天皇観の相剋　1945年前後』

岩波書店，1978年／岩波現代文庫，2001年

——戦後の天皇制は誰がつくったか——

キリスト者の戦争期経験

　現代日本における天皇のあり方は国内的な政治によってきめられたものではない。それは第二次大戦後の国際情勢の中で作られたものであって，それ故に，現憲法における天皇の位置を歴史的に考察するためには大量の外国語史料の蒐集と分析が必要である。

　本書は，その初めての試みである。今から40年前にこれが可能だったのは，著者が国際基督教大学教授に就任後，1965年から2年間，プリンストン，ハーバートの両大学で過ごす機会をもてたためであった。武田は，このとき，アメリカの対日政策の中心にいたジョセフ・バレンタイン（国務省極東部長），ユージン・デューマン（戦前のアメリカ大使館顧問），さらに学者ではヒュー・ボートン（近代日本史，ハーバート大学長）などにインタビューを重ね，さらにはエドウィン・O・ライシャワー（駐日大使，ハーバード大学教授）のアドヴァイスなどもあって，多くの史料を蒐集することができた。

　実は，私は国際基督教大学で著者の指導をうけたが，著者の自伝的メモによれば，武田は何人もの男衆をかかえた関西の古い地主の家で，生け花や琴などの生粋の日本文化のなかで育った。しかし，母の薦めで，ミッションスクール神戸女学院に入学し，大学3年のときに受洗

したことが人生の転機となった。浄土真宗の信者であった母は、信仰に入る以上、一生涯それを守り抜けるかと質した上で、それを容認したという。

　受洗の前年、1937年には、キリスト者に対する圧力が強まるなかで、同志社大学総長湯浅八郎が辞職させられ、東京大学では矢内原忠雄が経済学部教授の職を追われるという時代である。そのなかで、著者は、20代の初めにオランダで開催された世界キリスト教青年会議に出席し、そのまま日米交換学生としてアメリカで3年間を過ごし、神学者のラインホルト・ニーバーに師事するという道を歩んだ。武田はニーバーにアメリカに残ることを進められたが、日本に戻って苦難をともにするという覚悟の下に、鶴見俊輔などと同じ交換船で日本に帰国した。こういう経験のなかにいた武田にとって、敗戦前後の時期、世界各国の政府、要人、学者らが、天皇制をどう扱うべきかについて考え、行動した同時代史は他人事ではなかったのである。

アメリカ国務省の知日派——ジョセフ・C・グルー

　検討の出発点は武田が身にしみて知っていたアメリカの世論である。1945年6月のワシントンポストの報じるギャラップ世論調査では、天皇の扱いについて処刑（33％）、裁判（17％）、終身刑（11％）、追放（9％）があわせて70％。回答なし（23％）を除くとほとんどが強硬処置であった。

　アメリカ政府国務省内には、日本の天皇制と戦争犯罪に対して厳しい立場をとる「親中国派」と呼ばれるグループと、「知日派」とされるグループが存在した。彼らは、どちらも「日本を自分たちのデザインによって自由に作りかえることができるとの確信」の下に行動していたエリートたちであるが、前者でよく知られているのは、有名な中国研究者のオーウェン・ラティモア。ラティモアは天皇および皇族を

できれば中国に抑留するように提案している。後者の代表が、駐日大使だったジョセフ・C・グルーである。彼は、日米開戦によって、6ヶ月間、大使館内に幽閉されたのちに、宣教師などとともに送還船に乗せられ、1942年7月20日、モザンビークで、アメリカから送還された日本大使などの一行と交換という形で、ようやくアメリカにたどり着く。武田は、後者の日本大使などと一緒だったから、グルーとすれ違っていることになる。

　帰国したグルーは、アメリカ全土で日本の戦争体制の暴圧と狂気を講演してまわったが、日本の敗戦が決定的になった時点で、アメリカの日本占領にとって天皇は有用であり、天皇制の廃止はさけるべきであるという主張を展開した。グルーは、天皇制自体をどう扱うかは日本国民の選択に属する問題であるとし、その上で、天皇は、中国と南方諸地域にいる数百万の日本兵に武器を捨てよと命じることのできる唯一の人物であり、その権威を利用して日本の降伏と占領を、これ以上のアメリカ軍人の犠牲がないように進めるべきであると主張したのである。このようなグルーの主張は、グルーが1944年5月に国務省極東局長、年末には国務次官になったため、以降の対日占領政策を規定することになった。

　重要なのは、グルーと原爆投下問題との関わりである。つまり、1945年4月12日、ルーズヴェルトが死去し、副大統領からトルーマンが昇格し、5月7日にはドイツが降伏する。それをうけて、5月末、グルーはトルーマンに面会し、日本の「無条件降伏」は、君主国であることを否定するものではないという声明案に同意を求めた。それが日本の降伏を早め、犠牲を少なくするという説得であって、トルーマンは、一時それに賛成し、グルーの提案は、ポツダム宣言の草案にも「（日本が）再び侵略を意図せざることを世界が納得するに至った場合には、現皇室の下における立憲君主制を含みうるものとする（This may include a constitutional monarchy under the present dynasty)」と記入された。

　しかし，アメリカ軍部は原爆投下のマンハッタン計画に突き進んでいた。彼らにとって計画に消極的であったルーズヴェルトの死去は願ってもないことであったに違いない。グルーの提案は，結局，原爆の投下を優先する国務長官バーンズと軍部，そしてトルーマンの意思によって潰えたのである。とはいえ，グルーは必死に行動し，最後は7月17日のポツダム会談に出席するために空港に向かう国務長官バーンズのポケットにその所信を述べたメモを突っこむという「執拗なまでの熱心さは異常なほど」であったという。しかし，ポツダム会談の前日，7月16日，ニューメキシコにおける原爆の実験成功がすべてを帳消しにした。上記の宣言草案の一節は正文には反映されなかったのである。

　当時の天皇制政府が，国民の運命ではなく，「国体護持」なるものを何よりも優先していたことはよく知られている。そのため，降伏しか道がないことを知りながら，政府は無意味な躊躇によって時日を空費し，ポツダム宣言の受諾は原爆投下後にずれ込んだ。この間，沖縄では壮絶な地上戦が展開され，県民の4人に1人が死去するという惨禍をもたらしたことは忘れてはならないことである。

　陸軍長官スティムソンは，翌年，原爆投下によって多くの人命を救ったという論文を発表したが，それにたいしてグルーは，もし最初のトルーマンの判断が維持され，もう少し早い時期に，降伏後も日本の君主制は保持されうると発表していたならば，「原爆投下」と「ソ連の対日参戦」という忌まわしい出来事なしに無条件降伏の可能性があった，そうすれば世界は本当の勝利を喜べたのに——と，つきせぬ恨みを書き連ねた手紙をスティムソンに出したという。

終戦の経過を正確に認識する意味

　この経過は，本書の「天皇か原爆か　日本の無条件降伏の鍵」という章で初めて明らかにされたのであるが，これを正確に認識しておくことは，いまでも当事国にとっては必須のことであろう。とくに私が注意しておきたいのは，これが政治史だけの問題ではないことである。つまり，本書のあとがきで武田は，「青年期の思想的苦悩と深い関係をもつ問題であったがゆえに，近代日本における天皇制の問題に切実な関心をもってきた一学徒として，"敗戦と天皇制"の問題をめぐってあとづけたこの小著を，今日，青年期にある息子と，そして同じ世代の，戦後に生まれ育った若い人々に対して，私どもの世代から伝達しておきたい一つの記録としておくりたいと思う」と述べている。武田が本書を執筆した背景には，キリスト者としての戦争期体験をふまえ，天皇制をめぐる日本「土着」の価値観というものをどのように読み解くかという内発的欲求があったのである。

　武田はそういう立場から，「天皇観の相剋」を相対化しうる第三の立場として，相当の頁数を使って，日本で過ごし，この国を愛した欧米人の日本観を紹介している。たとえば，日本で生まれ育ち，朝鮮で医療宣教師として活動し，朝鮮での神社崇拝を拒否し，ブラックリストにのり，70日間獄中で過ごして交換船でどうにか故国に帰り着いたというオーストラリアのチャールズ・マクレランとの会見の記録は感動的である。また同じような境遇で活動したカナダの外交官，ハーバート・ノーマンについても記述があり，ノーマンが，やはり日本に長く滞在したB・H・チェンバレンの小冊子『新宗教の発明』について論じているのが紹介されている。武田はこれらを専攻の近代日本思想史に位置づけているが，そのほかにも本書は多くの示唆をふくんでいる。

　もちろん，本書はすでに40年近く前のものであり，本項の参考文

献にかかげたようなその後の研究を参照しなければならない。また本書でもっとも欠けているのは，中国・朝鮮・ベトナムなどのアジアからの視座であろう。著者も認めているように，それは当時の世界政治のなかで大きな位置をもっていた「社会主義」の動きをどう評価するかという問題にも関わってくる。現在，日本のコミュニズムの側からも，この時期の国際政治におけるスターリンの異様にして巨大な罪悪が史料にもとづいて明瞭に描かれるようになっているが，私が国際基督教大学で武田の指導をうけていたころ，すでに武田の師のニーバーなどのキリスト教神学者たちが「20世紀社会主義」の全体主義的性格を強く批判していたことは記憶に新しい。こういう問題においては，時は過ぎ去らないものだと思う。

　歴史学においても，20世紀の歴史のすべてをあらためて見直すべき時期が来ていることは確実である。

武田清子（たけだ・きよこ，1917- ）

　思想史家，国際基督教大学名誉教授。昭和16年アメリカ・オリベット大卒業，コロンビア大学，ユニオン神学校で学ぶ。日米開戦の後，昭和17年に帰国。日本におけるキリスト教の研究などで知られる。鶴見俊輔らともに『思想の科学』を創刊。

参考・関連文献

　荒井信一『原爆投下への道』（東京大学出版会，1985年）
　木畑洋一『20世紀の歴史』（岩波新書，2014年）
　中村政則『象徴天皇制への道　米国大使グルーとその周辺』（岩波新書，1989年）
　藤村信『ヤルタ　戦後史の起点』（岩波書店，1985年）
　不破哲三『スターリン秘史1～3』（新日本出版社，2014～2015年）

第3部

学際からの視野

　「歴史家は，矛盾する史料と史料が同じ確実性を持つ時の決定に，非常な努力——精神衛生にとくに悪い質の努力——を払う。いくら足を伸ばしても着底しない泥沼を進む思いが，歴史家には，あるのではないだろうか。また史料がない時の歴史家は空想の禁欲をみずからに強いて苦悶することがあるようだ。」(中井久夫『治療文化論』)

　歴史学は学術のなかでもっとも非実用的な学問である。対象が歴史である以上は，現在史（Contemporary History）であっても，それはすでに動かせないものである。歴史家はそれに耐えなければならない。それはどのような場合も過去にむかう内省の学問であって，直接には現実を動かさない。あるいは動かしてはならない。過去は理解されるべきものであるが，現在はかならず理解できない部分をふくみ，本質的に実践と投企の対象だからである。

　それ故に，歴史学が現実に関わるのは，他のより実用的な学問を通じてのみである。私は2011年3月11日の東北東海岸地震の後に地震学・火山学の人々と議論をする機会がふえ，その中で，文理融合の研究がいかに重要かを実感した。歴史学が社会に開かれていなければならないということは，まずは諸学との学際的な関係を要請されていることだというのが実感である。

　そして私などは，それは歴史学と歴史学者の精神の健康のためにもどうしても必要なことだと思う。もちろん，一種の真面目さのあまり，狭い場所で耐え，学際的な場に出ていかない強さをもっている歴史学者も立派だとは思う。しかし，その場合は，歴史学の最大の喜び，つまり他の学問にまったく新しい方法を教えられ，また他の学問を支えているという実感の中で生きていくことはできない。上に引用した中井久夫の言葉にあるように，歴史学はなかなか辛い部分もふくむだけに，凡百の歴史家には，他分野の研究者からの啓発が必要だと思う。

ネリー・ナウマン
『生の緒 縄文時代の物質・精神文化』
Japanese prehistory: the material and spiritual culture of the Jōmon period, 2000

檜枝陽一郎訳，言叢社，2005年

——海外からの日本神話研究——

ウィーン大学日本研究所で学んで

　本書は，日本史研究が先史宗教論（神話学）との学際研究を作っていく上で緊要な位置にある著作である。現在，この分野の学際研究はきわめて低調であるが，そのような状況から脱出するためにも，ヨーロッパの神話やフォークロアの研究レヴェルをふまえた，ナウマンの明解な日本神話論は是非知っておくべきものである。

　現在では，本書のほか，『哭きいさちる神』（檜枝陽一郎，田尻真理子訳，言叢社，1989年），『山の神』（野村伸一，檜枝陽一郎訳，言叢社，1994年），『久米歌と久米』（檜枝陽一郎訳，言叢社，1997年）などの著書が翻訳され，ナウマンの仕事はよく知られるようになった。しかし，ナウマンの仕事が知られるようになったのはたいへんに遅れた。たとえば最初の著書『山の神』は，「山の神＝田の神＝祖霊」という柳田のシェーマを詳細な点検によって乗り越え，朝鮮・中国・東南アジアの諸事例を縦横に引証して，日本民俗学のもつ「一国民俗学」といわれる傾向を，きわめて早い時期に批判した仕事である。その原文発表が1963年，その趣旨は1975年の柳田国男生誕100年記念国際シンポジウムで報告されたが，日本の学会には受け止められなかった。訳書によって，その中身が知られるようになったのは1994年。約30年の

時差があったのである。

　これは，外国での日本の文化や歴史の研究が，日本においてよりも鋭く本質をつかんだ好例である。しかもナウマンの場合，それは長期にわたる学問の交流の歴史に根ざしていた。つまり，著者は，第二次世界大戦の時期に，ウィーン大学の日本研究所に学び，そこで知り合った中国からの留学生，王鳳振と結婚し，夫が上海大学に奉職するのについて中国にわたった。中国共産党軍が上海を占領した後，夫は中国西部の大学に転任し，分かれて上海に残った彼女はカソリック教会の関係の仕事をしていたために，当時の中国国家から監禁に近いところに追い込まれ，出国を強制され，ドイツに戻った。そのころの生活の苦闘については，ナウマンの没後に日本で出版された記念論集『光の神話考古』（言叢社，2008年）によせられたドイツで再婚した夫君，ヴォルフラム・ナウマン教授（日本中世文学専攻）の序文にくわしい。

　そもそも，彼女が最初に学んだウィーン大学日本研究所は，人類学の岡正雄が柳田国男・渋澤敬三などに励まされて，1930年代に，当時ヨーロッパ神話学の中心にあったウィーン大学に留学し，三井財閥の支援の下に開設したものである。この研究所の開設は戦前におけるヨーロッパとの学術交流としては特筆すべきものであった。私は，もし，これが順調に続いていれば，日本神話学・民俗学の分野におけるヨーロッパとの学術交流は，現在とは比較にならない活況を呈していたと思う。実際，第二次大戦後の日本の神話研究を牽引した石母田正は，1965年にウィーン大学に留学して，ちょうど久しぶりにウィーンにいた岡正雄にもあっている。しかし，石母田はナウマンとはあっていない。ナウマンの仕事のことは知らなかったのではないかと思われる。第二次世界大戦は，こういう形でも学問の国際交流をさまたげたのである。

縄文宗教の中心は「月神」

さて，本書の中心論点は，縄文時代の先史宗教の中心に「月神」があったという指摘にある。下に掲げたのは中国（仰韶文化）の神像（左2つ，表裏）と，縄文中期の土偶（長野，藤内遺跡）の頭部であるが，窪んだ皿状の顔面に筋の形で表現された涙のような液体や，後頭部に蟠る蛇の表象などにおいて，この二つの神像が共通する神秘観念を表現していることは明らかであろう。問題は，この図像モチーフがメソポタミアにも存在し，シュメール文献を参照することによって，それは確実に月神の像であるとされていることである（同じ図像はアメリカ大陸にも確認される）。それは，満ち欠けする月と脱皮する蛇が生命の死と再生を示し，曇った月が地上に液体を放ち大地の富をもたらすという神話を示している。

ナウマンは，この死と再生をつかさどる月の水の観念を，折口信夫のいう「月の変若水」（若返りの水，『万葉集』）の観念の原型にあるものと位置づけ，さらにそれをスサノヲの「哭きいさちる」神格に結びつけた。つまり，父を嫌った少年神スサノヲは，成長を拒否して泣き続ける。それによって彼は山々を枯らし，海を乾し，さらには天に駆け上って姉のアマテラスを「岩隠れ」（死の暗喩）に追い込むのであるが，しかし，その賠償に手足の爪を取られ，さらに「唾・涙」を差

し出すことによって姉の復活をもたらした。ナウマンは、この「唾・洟」の神話的原像には縄文時代の土偶（月神の像）の顔面を流れる液体（それが凹状の顔にたまる）があるという。『日本書紀』の神話テキストに「唾・洟」が「幣物」（供物）とされていることは、たしかにこの神話のテキストと図像の結びつけが正しいことを示している。

　月神論が、柳田国男門下のN・ネフスキーや折口信夫、さらには岡正雄自身も強い興味をもっていた日本神話論最大の問題であることはいうまでもない。翔天（しょうてん）の際には「青山を泣き枯らし」、追放されて地上に下る時には大雨とともに下るという、スサノヲの「泣く神格」は、日本神話学の祖、高木敏雄以来、しばしば風雨神として理解されていたが、ナウマンの月神論は、それを乗り越え、今後の開かれた研究の学術的・体系的な基礎を提供したものといってよい。

土偶にとぐろをまく蛇

　もちろん、ナウマンの議論はこれまでの土偶研究の膨大な蓄積のなかで検証されなければならない。しかし、従来の土偶論が、地母神・祖先崇拝・死と再生などの解釈概念と土偶の詳細な型式学の外在的な接合という側面が強く、そこに現れた先史宗教の意味や構造を分析することに成功していないのは磯前順一が論ずる通りである（『記紀神話と考古学』角川学芸出版、2009年）。ナウマンは江坂輝彌・佐原真・水野正好などの土偶論をすべて推測にすぎないとしてなで切りにし、たとえば土偶の破片を土に埋めて豊饒を願う呪術と理解する一般的な見解について、むしろその「占い」への利用の結果などをふくめた多様な考察が必要であるとする。また中空形土偶の内容物は酒ではないかなどと述べていることも興味深い。

　それらは縄文時代論の全体に深い影響をあたえるだけに、容易には合意されないかもしれない。しかし、そもそもヨーロッパの人文研究

の最大の強みの一つは、イエス・キリストの生まれたパレスティナの地に対する学的関心に駆り立てられて、17世紀以降、エジプト・メソポタミアの広汎な調査・研究を行ったことにある。それが言語学と考古学の本格的な研究に広がり、その上に神話学や先史宗教論の研究が華麗に花開いた。これを基礎としてバハホーヘン、フレイザーから、レヴィ＝ストロースの神話人類学にいたるまで、ヨーロッパの学術世界は、人類史研究の中枢に位置し続けたのである。ナウマンの仕事は、その伝統をうけて、ミルチャ・エリアーデの月神論や、カール・ヘンツェの図像神話学などの世界的な仕事に依拠したものである。とくに、先史宗教を貫くものがいわゆる「視覚的思考」である以上、実在した神話の意味と構造を探る上で決定的なのは、ヘンツェの行ったような全世界に存在する神話図像の徹底的な蒐集と照合ではないだろうか。ナウマンの倭国神話に関する仕事は、その道を進み、さらにそれを文献や伝承として残された神話の解釈と理路を通して総合することに成功していると思う。

　彼女が、そういう立場から、「宗教的観念が旧世界の各地に広まっていたことが判明しており、長年の予想と異なり、日本は現実には一度も孤立状態にはなかった。宗教的観念を探り当てる場所と遺物に語らせる方法がわかりさえすれば、アジア大陸の周辺地域に見られた宗教的観念が日本にも伝播したことを示せるだろう」と述べたことの正統性は否定できないのである。

　さて、歴史神話学の立場から言えば、ナウマンの月神論を前提とすることによって初めて、『隋書』（東夷伝倭国条）に「倭王は天を兄とし、日を弟としている。天が明けない時に王宮に姿を現してあぐらをかいて座り、太陽が昇ってくると、政治をやめて、あとは弟の日に仕事をまかせよう」とあることの意味を了解できると思う。倭王は「夜の食国(おすくに)」、つまり夜の饗宴の時空を支配し、それ故に星空と月を支配

する神であったのであって，その称号の「タリシヒコ」は，いわば満ち足りた満月を表象するものであったのであろう。それに対して，王子の称号であった「ワカタフレ（若翁）」は，山尾幸久が「翁」の「狂気，うつけ」という字義にふれて述べているように，スサノヲを表象させるような乱暴な少年月神であったということになるのであろう（山尾『古代王権の原像』学生社，2003 年）。

ネリー・ナウマン（Nelly Naumann, 1922-2000）
　ドイツ出身で日本と中国をフィールドとした民俗学者。ヴィーン大学卒業，中国での生活などを経て，フライブルク大学日本学教授。

石橋克彦

『南海トラフ巨大地震　歴史・科学・社会』

岩波書店，2014 年

——歴史地震学の到達点——

　本書は，南海トラフ巨大地震の歴史についての初めての歴史的・総合的な分析であり，また歴史地震の科学の最良の入門書であり，そして 21 世紀に相当の確度で発生する南海トラフ地震について，社会はどう考えるべきかについての提言である．本書副題「歴史・科学・社会」からしても，この列島で仕事をする歴史学者はかならず読んだほうがよいと思う．

　私は，1995 年 1 月 17 日の阪神大震災のしばらく後に神戸大学で集中講義を担当した．その翌日，震災に対する国家的な個人補償を要望する市民集会で，平安時代末期の地震についての講演をしたのが，はじめて歴史地震の史料を取り上げた経験である．神戸市内の惨状が記憶に残っていることもあって，この経験によって歴史資料の保存運動に取り組みだした神戸大学の歴史学者たち，そしてそれ以降，災害が起きるたびに，痛んだ歴史資料を修復し，保存する運動を始めた各地の歴史研究者には頭が上がらない．

　苦い記憶は，本書の著者が歴史地震史料を蒐集し，データベース化するための大規模な研究計画を始めたとき，知人の推薦もあって，そこへの参加を要請されたにも関わらず，事情でこの要請を断らざるをえなかったことであった．3.11 の後に，急遽，歴史地震学の研究に

参加し,『歴史のなかの大地動乱』(岩波新書, 2012 年) という奈良時代から平安時代初期の地震と噴火を描いた著書を執筆するなかで感じたのは, これは研究者人生における最大の失敗であったということであった。私の人生の時間は, すでにそう長い訳ではないが, 今後少しでも, それを取り戻したいと考えている。

南海トラフ地震の通史

さて, 本書の第 1 章「南海トラフ巨大地震の歴史」では, 昭和 (1946, 1944 年), 幕末 (1854 年), 徳川期 (1707, 1614, 1605 年), 室町期 (1498, 1361 年), 平安期およびそれ以前 (1099, 1096, 887, 684 年) の各時期の南海トラフ巨大地震について, 歴史をさかのぼるようにして, 説明されている。いうまでもなく南海トラフとは, 駿河湾から九州南方まで続く trough (海底盆地) のことである。史料の多い新しい時代の地震で南海トラフ地震の基礎的な説明をして, 史料の少ない古い時代にさかのぼっていくという叙述がわかりやすい。これによって, これらの大地震のもつ (1) 伊豆から九州までの強震動, (2) 静岡県御前崎などの隆起と伊勢湾沿岸などの沈降という地殻変動, (3) 海底の上下にともなう大津波, (4) 和歌山県熊野の湯峯温泉, 四国の道後温泉の湧出停止などの特徴的な現象が過不足なく解説されている。

このような南海トラフ巨大地震の系統的な分析は,「14 世紀前半までのまとめ」という副題をもつ著者の論文 (1999 年) によって手がけられたものであるが, 本書で通史の枠組みが完成したことになる。歴史学者としては, このような研究が地震学研究者のほどんど独力によって遂行されたことに驚嘆する。私などは新参者だが, 著者とほぼ同時期に歴史地震学の構築を開始した矢田俊文を初めとする歴史学者がよく知っているように, 著者の史料収集と分析の力は, 地震学的な視野と直感に支えられているだけに, プロの歴史学者も容易には追尾

できないレベルにある（矢田『中世の巨大地震』吉川弘文館，2009 年，を参照されたい）。歴史学徒は，本書を読んで，それを実感することが必要だと思う。

アムールプレート東縁変動帯仮説

　第 2 章「南海トラフ巨大地震の科学」は，プレートテクトニクスの概論，地震・津波現象それ自体の理解，現在政府が想定している南海トラフ巨大地震の地震像などを素材として，南海トラフ巨大地震の発生機構を最先端の研究視野から説明している。その説明は自然科学にとくに詳しくなくても理解可能なもので，たいへん興味深い。本章によって南海トラフ大地震の全体像をどう予知するかという，地震学の最新の到達点を知ることができると思う。

　とくに，著者が主張して有名になった駿河湾地震説を始め，70 年代以来の地震学の研究史を概括した部分は必読のものであろう。注目されるのは，そこで著者の駿河湾地震説が，いわゆる「アムールプレート東縁変動帯仮説」に新らしい形で統合されていることである。

　アムールプレート（以下 AM プレート）とは，中国の北部地塊を中心とするユーラシアプレートの部分プレートであり，これが毎年一定のスピードで東進しているという。そして AM プレート南東端が，太平洋プレートと押し合うようにして，静岡の遠州ブロックまで伸びており，南海トラフ巨大地震によってプレート間の固着が剥がれると，それを条件として AM プレートが一挙に東進し，糸静線断層帯周辺が破壊されるという。これが，著者が新たに定式化した「駿河湾地震」の発生機構である。著者によれば，この仮説によって，南海トラフ巨大地震前後に，東北沖の日本海東縁変動帯からフォッサマグナ，中央構造線沿いに地震が多発する理由が理解可能になり，それを基礎としてプレート間地震と内陸地震の関連の基礎理解の道が開かれると

もいう。

この「アムールプレート東縁変動帯仮説」は，地震学界のなかでも論争が続いているようで，もとより，私には，この仮説の地震学的な評価はできないし，また正しく要約しているかどうかにも自信はない。しかし，第1章の歴史地震の様相をみても，この仮説には説得力があるように感じる。

ともかく，インド亜大陸の北上衝突によって中国大陸が東へ押し出されることを原動力とするというAMプレートの東進の観察を基礎に構築された雄大な仮説である。日本列島の自然史を現在と関係させて理解するのみでなく，東アジアの地震全体についての研究にかかわってくる。地球科学の側での論争を期待したいものである。

地震学からみた核発電所

第3章「南海トラフ巨大地震と社会」は，地震学の目からみた巨大な危険施設として原発とリニア中央新幹線をあげ，南海トラフ巨大地震が超広域複合大震災のトリガーとなることを警告している。著者は1・2章がふくれあがったために，3章が短く不十分なものとなったとしているが，これについては著者の『原発震災』（七つ森書館，2012年）を，ぜひ参照されたい。著者が，「自然災害は輸出も移転もできない地域固有のもので，自然の恵みと表裏一体だから，それと賢く共存していくこと（自然との共生）こそが大事だろう」「いまの日本の社会経済システムが被災者を一人も切り捨てることなく試練を乗り越えることができるかどうか，見きわめる必要がある」などと述べるのは，学者としての自然な発想であると思う。

歴史学・地震学・防災学

さて，私は，2012年から2013年にかけて，科学技術・学術審議会

の地震火山部会におかれた次期計画検討委員会に専門委員として参加して，2014年度から5ヶ年間の観測研究計画の審議に参加した。そこでは従来の地震学研究において，歴史地震データへの注目が不足していたことへの反省がなされ，今後のことを考えると歴史地震を研究する研究機関がどうしても必要であることが文部科学大臣への「建議」の形で決定された。研究機関といっても，地震学・火山学・地質学などの理学系計4人，歴史文献・考古で4人からなるセンターを，たとえば自然科学研究機構・人間文化研究機構の学際領域として設定するというような小規模なもので出発すればよいのだと思う。それは防災行政に責任をもつ政府の責任であろう。

　日本のような火山列島・地震列島で国民の税金から給料をうけている学者にとっては，どのような分野であれ，噴火と地震に関わる災害科学の仕事に参加することは，その職能的責務である。災害科学とは，必然的に発生する自然的な異常 natural hazards が社会的な災害 disasters に転化するのを抑制し，自然的な災害誘因 triggers がどのような災害の複合を結果するかを理学的・社会学的に予知し，それを防止するための巨大な科学分野である。hazards と disasters が本質的に異なる現象である以上，そこでは地球科学の第一線から，経済学・法学などの社会科学の実働部隊，そして歴史学などの人文社会系の基礎学術分野にいたるまで，すべての学術分野がおのおの独自の役割を果たさなければならない。

　そもそも，この科学分野を体系的で有効なものに育て上げ，かつそれについての社会的・国際的な理解を深めていき，それを担えるような政府機構を各国に形成することは，21世紀の人類にとっての最大の課題である。

　災害科学の大系をはじめて創成したベン・ワイズナーの，"At Risk: Natural hazards, people's vulnerability and disasters"（翻訳『防災学原

論』岡田憲夫監修，築地書院，2010年）などによれば，社会的な災害の誘因は一般に生態異常（biological hazards），気象異常（meteorological hazards），地殻異常（geological hazards）に区分できるといわれる。生態災害とは虫害・鳥獣害から広域流行病（パンデミック）にいたるまでの生態系の異常を誘因として発生する災害をいい，気象災害とは落雷・竜巻・台風から温暖化や冷涼化にいたるまで大気の運動にかかわって発生する災害をいい，最後の地殻災害とは山崩れあるいは土壌の深層崩壊から地震・噴火にいたる地殻の変異を誘因として発生する災害をいう。

　歴史学には，このような災害科学を，その基礎から支える役割がある。そして，日本の場合，その試金石は明らかに地殻災害であろう。そもそも，歴史学が全面的に関わることなしに，国民に地震・噴火というものの実態を伝えることができるとは考えられないのである。

石橋克彦（いしばし・かつひこ，1944- ）

　東京大学大学院理学系研究科博士課程修了。神戸大学名誉教授。専門は地震学，地球科学。静岡大学防災総合センターから公開されている「古代・中世地震・噴火史料データベース」を作成した科学研究費グループの代表者。プレートテクトニクスの学説にもとづき，日本列島における過去・現在・未来の地震の発現構造を論じた先駆者の一人。すでに1990年代に大地震による原発事故に警鐘を鳴らしていた。

成沢光

『政治のことば　意味の歴史をめぐって』

平凡社，1984 年／講談社学術文庫，2012 年

——政治学からみる歴史の細部——

　「マツリゴト＝政事」とは「祭事」のことで，祭政一致の日本の「国体」をあらわすというのは，古く北畠親房が『神皇正統記(じんのうしょうとうき)』で述べたところである。しかし，これが俗論に過ぎないことは，本居宣長が奉仕を「マツル」と訓読みすることに注目して「政とは奉仕事である」として以降，よく知られたことである。

　実際，竹下登という総理大臣さえ，「政治」は「ツカサ々々」を束ねて粛々と「ご奉仕」する仕事であると称していたし，政治学の丸山真男も，同じく本居説にのっかって「政事の構造」を論じた（「政事の構造」，『丸山真男集』12，岩波書店，初出 1984 年）。丸山は，政治家は決定を「マツリゴト＝奉仕事」という意識でやるから，最後までは責任を取ろうとせず，また天皇は正統性を保証する象徴にすぎないから，そこも無責任ということになっているとする。丸山は，これをもって日本の政治の特徴が「無責任の体系」にあるという議論を展開したのである。「日本人」はこういう「語源」の説明が好きで「日本文化論」に弱い。そのうえ「無責任だ！」という非難の言葉の呪力も相当のものである。

成功している丸山真男批判

　歴史学者からみると，丸山の議論は実証手続きが十分でない。ともかく，この種の言葉，本書のいう「政治のことば」の説明に簡単に納得してしまうのは危ういことが多い。私たちは言葉を使っているつもりであるが，実際には，言葉は私たちの外にあって，私たちの心をしばっているのではないか。

　本書の主論文「古代政治の語彙」は，その「政治のことば」を綿密に解読して，丸山の見解を批判した。下の図は，成沢のいう政治の言葉の構造を描いたものであるが（保立『かぐや姫と王権神話』所載），簡単に説明すると，まず「イキホヒ」という言葉は，「徳」と漢字表記される場合は，人徳や福徳の力が中核にあるが，さらに「威」と書く場合は神威や武威もふくむし，「権」と書く場合は政治的な思量の力を意味した。イキホヒはそれらを呪霊的な力によって統一する言葉だという。成沢は，これらの言葉が天皇王権と関わる様子を『古事記』『日本書紀』などの用例によって明解に説明している。

　このうちでもっともオリジナルなのは，最後の「権」という字についての指摘である。つまり成沢によれば，この字は「イキホヒ」と読むと同時に「ハカリゴト」とも読む。「ハカリゴト」とは思量・知謀の力であるが，政治は「ハカリゴト」の力であるというのである。そ

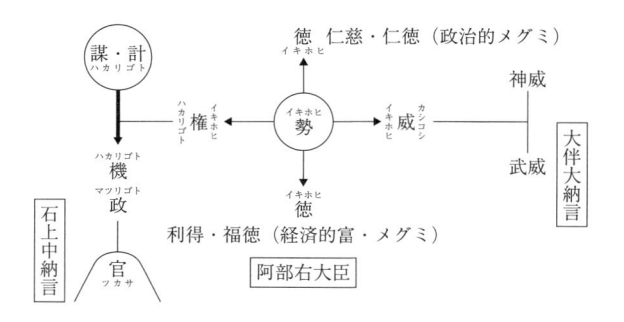

して，問題の「マツリゴト」は，この「ハカリゴト」の下に位置する。その証拠に，「マツリゴトヒト」とは四等官のうちの三等官（「判官」），つまり下級の役人なのである。そもそも「マツル」は「マツワル」と同系の言葉で，主人にマツワリツクように奉仕するのであって，決して高級な仕事ではない。王の周囲には，まず「謀」担当者がいて，その下の実務担当者，「政」担当の集団を統括しているのが実態だというのである。

そもそも王権とは本質的に自己を「無答責」な存在として責任を曖昧化するシステムである。王の身分論理は一般には「よきに計らえ」と命じて煩瑣な仕事を統括させ，うまくいかなければ「叱責」するというものである。丸山の議論は，王権というものは本質的にそういうものであると見きわめないまま当然のことを繰り返している。戦前の天皇制の無責任性を非難したくなるのは当然としても，学術の役割は，歴史具体的な王権の特徴と仕組みを鋭く論じることにあるのである。

「万機公論に決すべし」とは何だったか

この意味で，王権をめぐる歴史的な語彙の文脈を確認した成沢の仕事こそが，明治以来の近代天皇制を歴史的に分析するための前提を作り出したのである。たとえば，摂政任命の詔勅には「万機を摂政す」などとあるが，「万機」の「機」はマツリゴトと訓読みする。つまり「政を摂る」とは，諸々の「政＝機」を総覧してハカリゴトをするという意味なのである。「摂政」の「政」は「フサネオサム」と訓読みするが，「フサネル」とは束ねる，つまり雑事を束ねて処理するという意味であり，漢字で書けば「総理」なのであるという。

さらに説明は続く。たとえば，「権利」という言葉は明治初期に作られたものであるが，「権」は徳川時代においても，前述の「イキホヒ」という意味を保持していた。それをうけて「権利」とは「イキホ

ヒの利」、恣意的な利益主張というニュアンスをもっていた。だからこそ、それに対して「義しい務」という言葉が対置されたのだというのである。「権利ばかり主張するな」という種類の説教は、この語のニュアンスからすると当然のことであったということになる。私たちの社会生活は、いまだにそこに呪縛されているのである。これは子供たちが日本国憲法の勉強をする際にはかならず伝えるべき、最重要な政治思想史、法思想史の中心問題であると思う。

また「統治」という新語が作られて、それが明治憲法に入るまでの経過の解明も興味深い。「万機公論に決すべし」という五ヶ条誓文の一節は誰でも知っているだろうが、それは万機を「フサネオサム」役職、つまり「摂政」をおかずに、政府上層部の「公論」をもって政事を処理するという意味であった。けっして国民的な民主主義というような意味ではないのである。そして、国家上層部内部の「公論」が各省（「司」）大臣制とそれを総括する「総理」という形で組織されるとともに、天皇の絶対的地位について「統治」という言葉が案出されたという。「統治」という言葉は明治の絶対君主制を象徴する言葉であるということになる。

このように「古代」と「近代」を一貫して語るというのは、率直にいって、歴史学者にはむずかしい力業である。しかも驚かされるのは、執筆の時期が「近代」の方が早いことである。著者の頭の中では、まず「近代政治の語彙」についての意見が半ばはできていて、それにあわせて「古代政治の語彙」について追究したということらしい。政治学者の方法意識というものはすさまじいものだと思う。

日本社会の集団性をどう見るか

さて、もう一点、本書で見逃せないのは「近世都市意識の言語」という論文である。テーマは、ガラッと変わって徳川期に形成された時

間意識，それに対応する労働観，身体観，都市空間論などであり，徳川期社会が都市による（人間自身の身体もふくめた）自然の集団的な平準化が進んだ社会であることを系統的に描き出している。

　歴史学界では，今でも徳川時代を「封建社会」ということがあるが，これがミス・リーディングなのは，「封建制＝過去＝徳川期」という印象によって，徳川時代と現代社会の共通性が曖昧になることである。これに対して，本書は，徳川社会は現代日本の世俗秩序の起源に位置しているという。とくに重要なのは，徳川期における社会集団の均質化が，「文明化」と近代資本主義の展開を直接に支えたとする著者の観点であろう。従来の「封建社会から資本主義」というシェーマでは，多かれ少なかれ資本主義化の条件として「私的・近代的」な社会経済関係が探索され，それがあったとされる。しかし，そもそも資本主義は，現実の社会関係としては，世界史上もっとも集団的な生産様式である。それ故に私も，それは，徳川期都市社会の集団的構造の延長線上に理解すべき点があるように思う。

　成沢は，こういう日本社会の集団性を，歴史論の二冊目『現代日本の社会秩序』（岩波書店，1997年）では身体論の問題としてさらに詳しく追求している。「なぜ学校の先生は"一糸乱れず静粛に整然と"生徒を集団行動させたがるのか」という問いである。こういう問題を立てることは歴史学者には実際上はむずかしいが，受け止める努力を重ねるべきものだと思う。

成沢光（なるさわ・あきら，1939- ）
　東京大学大学院法学政治学研究科博士課程修了。法政大学教授（現在，名誉教授），国際基督教大学客員教授を歴任。日本政治史，公共政策論。共編書に『生殖補助医療』（信山社，2008年）がある。

安藤礼二
『場所と産霊(うぶすな)　近代日本思想史』

講談社, 2010 年

――国際性の観点に貫かれた思想史――

　「戦後派歴史学」においては，日本帝国の支配的な雰囲気にあらがった人々，たとえば哲学でいえば，三木清・戸坂潤・中井正一などの思想を知っておくことは必須の教養であった。その地盤の上で，私たちは，安丸良夫や鹿野政直などの，「思想史」を民衆意識の深みから捉えなおす視座に立った仕事によって育てられてきた。しかし，最近の歴史学においては，「戦後派」の位置が軽くなっており，それと軌を一にするような形で，これらの哲学者が読まれることが稀になってきている。

　こうなった事情の一つは，現在的な思想が，まずその世界性を要件としていることにある。グローバルな資本と情報の動きの中で，思想の説得力は，いよいよそのインターナショナルな実質にかかってきている。その中で，日本の哲学や思想への関心が薄くなるのはやむをえないのかも知れない。しかし，もし国際性の観点に貫かれた思想史というものが成り立つのならば事態は変化するのではないか。「近代日本思想史」という副題をもつ本書は，そういう希望をいだかせるのである。

大日本帝国の支配思想はイギリス由来か

 もちろん,本書は従来の思想史とはある意味ではまったく逆の方向をむいている。何よりも,取り上げられるのは,鈴木大拙・南方熊楠・高楠順次郎・大川周明・折口信夫など,どちらかといえば本来は大日本帝国の支配的思想に近い立場の人々である。しかも,安藤の仕事は,これらの人々の生涯の追体験という要素をもち,必然的に若干の共感の色彩さえもっている。しかし,本書が導きだした論点はそれを越えて,あまりに重大である。つまり,本書は,大日本帝国の支配思想が,実は19世紀末期からの帝国主義の時代における国際的な思想のネットワークの中で説得性を確保していたことを明らかにした。その点だけをとれば,それは現在における「新自由主義」の世界的な構図と大きくは異ならないのである。

 ただ現在との大きな相違は,その国際的な思想ネットワークが,非合理主義と神秘主義思想に深く浸透され,徐々に全体としてファシズムの思想に結晶していったことである。L・ポリアコフ『アーリア神話』(アーリア主義研究会訳,法政大学出版局,1985年)にもよって,その国際的様相を俯瞰すると,いうまでもなく中心にはワグナー,ニーチェに代表されるアーリア神話が存在した。しかし,それは決して孤立した存在ではなく,神話学におけるシェリング→マックス・ミューラー,優生学におけるフランシス・ゴルトン(チャールズ・ダーウィンのいとこ),さらにはスウェデンボルグ→ブラヴァッキー夫人→ルドルフ・シュタイナーにいたる神智学や心霊主義の系譜などの多様な動きがあった。そして,それはドイツよりも,むしろイギリスとアメリカを跳躍台にして国際的に広がり,それがドイツに還流するなかで本格的なファシズムイデオロギーが形成されたという。

 本書が示したのは,日本における神秘思想の展開とそのファシズム思想への結晶も同様の過程をたどった事実である。安藤がその動きの

起点として注目したのは，1893年，シカゴ万国博覧会を場として開催された万国宗教会議。そこには真言宗，禅宗，神智学などを代表する多様な宗教者が参加したが，有名なのは近代日本最大の禅匠とされる釈宗演である。当時，ドイツからシカゴに移住していた宗教学者ポール・ケーラスは，釈宗演との関係のなかで執筆した『仏陀の福音』の翻訳を釈宗演門下の鈴木大拙に依頼し，大拙はその縁でアメリカに渡った。ケーラスは，『老子』や盟友E・マッハの主著『感覚の分析』などをアメリカで翻訳出版した人物で，その影響は大きく，たとえば小説家U・K・ルグィンが父の民族学者A・L・クローバーからもらった『老子』はケーラス訳であった。また本来，スウェデンボルグやユニテリアン派のキリスト教の影響の下にいたパースやW・ジェームズは，彼の影響の下でプラグマティズムを生み出していったという（マッハからプラグマティズムというのは哲学史の問題としても大きい）。

日本においては，この万国宗教会議の余韻のなかで，1900年から1905年まで新仏教徒同志会の雑誌『新仏教』が刊行され，日本の宗教を欧米の宗教学や神秘主義との関係で語る言説の土壌が養なわれた。当初，そこには幸徳秋水などの社会主義者も執筆陣として参加するような雰囲気があったが，日露戦争から「大逆事件」へと続く時代の潮流のなかで，その全体は徐々に非合理的な神秘主義への傾斜に回収されていくことになる。

アジア主義の系譜と折口信夫

それを象徴するのが，『新仏教』の重要メンバーであった高楠順次郎の動きであった。安藤のもう一冊の著書『光の曼荼羅』（講談社，2008年）に詳しいが，彼はイギリスに留学してM・ミューラーの下で学び，東京大学印度哲学科教授から東京外語大学学長となったという人物である。その企画した『大正新脩大蔵経』は現在でも歴史学・

仏教史研究を裨益しているのであるが，問題は，高楠が中心となったもう一つの企画，『世界聖典全集』であった。そこには『新仏教』の関係者が深く関わっており，結果として，これが「大東亜共栄圏」をある面で支える，アジア的神秘思想の原典となったのである。たとえば天皇制ファシズムを代表するイデオローグ・大川周明は，高楠の下で学んで神智学からイスラム神秘思想に踏み入った。また高楠自身，第二次世界大戦中にはナチスのアーリア民族神話に対抗するようにして，それよりもさらに古層に存在し，なおかつアジアの中心から広がっていった「知識民族」の姿を追い求め，シュメール族をヒマラヤ最高頂に「天宮」を営む須弥山人（シュメル）と解釈して，そこに釈迦の姿を重ね，アジア統合のための神話の中核にすえようとしたという。アカデミー中枢にいた高楠‐大川の師弟は，競うようにして大アジア主義の妄想を作り出したのである。

先の『光の曼荼羅』によると，この『世界聖典全集』の影響はきわめて大きなもので，埴谷雄高の小説『死霊』は，同全集の第7巻『耆那教聖典』（ジャイナ）を下敷きとしており，さらに第8・9巻『埃及（エジプト）死者の書』は折口信夫の小説『死者の書』の原型をなす。つまりエジプトの『死者の書』は，兄オシリスの虐殺と，妹イシスの呪言によるその「光の神」としての復活という神話を物語る。当時の欧米神智学においては，オシリスの復活は，キリストの復活に重ね合わせるのが通例であったが，このエジプト神話が，神を身をもって迎える巫女が，自身，光り輝く女神となるという折口の「神の嫁＝アマテラス」という議論と結びつき，古墳の暗闇に苦しむ滋賀津彦（しがつひこ）（＝大友皇子）を蘇生させた当麻（たいま）の中将姫が「光かがやく白玉」となるという折口『死者の書』の奇怪な物語が生まれたという。たしかに両書はその黒い装丁を同じくする。また『死者の書続編』では，空海が持ち帰った十字架を入日にむけて投げるという招魂（しょうこん）の法が語られるが，この「入り日」

は大日如来の象徴であり、十字架はキリストを象徴しているという。折口は、戦争中のラジオ放送で、東洋と印度洋の間に軍艦と航空機をつらね、「此代ながらの神語り・国生」を行おうと叫んでいるが、そこには世界神話を融合させて大アジア主義神話を作り出そうという、高楠と同じような妄想が存在していたことは明らかである。

　実際、折口は、空海とキリスト教という想定の背後に、その異端派、景教の中国における流行という事実をおいていた。そこには、M・ミューラーに学んだエリザベス・ゴルドンが、同門の高楠の縁をたよってイギリスから来住し、師の印欧アーリア神話説を仏教と基督教が同根であるという「仏基一元論」に拡張し、さらにその立場から中国に残る「景教碑」の複製を高野山に建てるなどの活発な活動を行ったことがあった。

　さて、安藤が富岡多恵子の『釈迢空ノート』（岩波書店、2000年）に依拠して明らかにしたように、早熟の少年折口が仏基一元論に接したのはきわめて早く、『新仏教』に参加していた仏徒にして英語教師であった『二聖の福音』の著者、藤無染を通じてであったという（「二聖」は「仏基」に同じ）。この書は前述の鈴木大拙の翻訳したケーラス『仏陀の福音』を種本としたものであって、藤無染は、それをマッハにまでさかのぼって読み解き、それが国学院大学に提出した折口の卒論「言語情調論」の基礎にすわっていた。また折口と無染は男性同士の愛人の関係にあったといい、そもそも『死者の書』は早世した無染と自己との関係を、滋賀津彦－中将姫の関係に擬したものであろうというのである。

神秘主義は恣意的になる

　本書は、こうしてアメリカとイギリスの二つのルートをたどって神秘主義思想が折口の生涯に貫通していたことを示したのである。もち

ろん，神秘感情は世界観にとっては経過的な要素でもあり，それによって見えてくるものもある以上，折口の仕事の学術的価値は思想とは別の問題である。私も，たとえば折口の「神の嫁」というアマテラスの神格の理解は独創的なものだと思う。

　しかし，安藤とは違って，歴史学者としての私は，折口『死者の書』が当麻の中将姫のイメージにもとづいて両性具有的な「産霊」の観念を導いたことは恣意的に過ぎるといわざるをえない。そもそもこの「産霊」という神名を本居宣長の見解にしたがって「物を生成することの霊異なる神霊」と理解し，そしてさらに「ムスビ＝縁結び」と敷衍することはすでに成り立たない。まず前者の本居の見解自体も錯誤であってムスヒとは「蒸す火光＝熱光」，つまり雷電の光りを意味するし（保立『歴史のなかの大地動乱』），後者についてもムスヒのヒは清音であることが論証されていて，「結び」というのはとても無理なのである（溝口睦子『王権神話の二元構造』吉川弘文館，2000年）。

　新たな目で独創と恣意を十分に区別する必要は，折口のみでなく，本書の取り上げる南方熊楠の民俗学，鈴木大拙の仏教史論，高楠・大川のイスラム論などのすべてについて言えることであろう。これはたいへんな作業にみえるが，安丸・鹿野などの土着と民衆に根をおく「下からの」思想史の研究が，現在でも相当の時間を必要とするのと比べれば，それらの「上からの」動きの精査は，現在の歴史学の力量を前提とすればむしろ単純な作業である。この「下から，上から」を付き合わせることによってこそ，「近代日本思想史」の本格的な総括が可能となり，我々は「近代」というものを相対化できる。

　なお，私は，その際，最初にふれたような三木・戸坂・中井などの思想家についても新たな視野にたった検証を希望したい。たとえば戸坂潤の『日本イデオロギー論』は，ファシズムのイデオロギーの国際性を鋭く指摘しているが，戸坂の獄死直前の日記には，ケーラス『仏

陀の福音』，前田慧雲『大乗仏教史論』，鈴木大拙『東洋的一』などの集中的な読書記録がある（『全集』別巻）。戸坂がそこで何を考え，もし戦争を越えて生き延びていれば何をいったか。私個人は，スウェーデンボルグの翻訳者でありながら，合理的な人間としてナショナリズムの鼓吹に対する違和感を公然と述べた大拙について，戸坂が何をいったかに興味がある。ともあれ，そういう未発の契機をもふくめて原点に戻らなければならないのだと思う。

安藤礼二（あんどう・れいじ，1967- ）

　早稲田大学文学部卒業（考古学専修）。出版社勤務を経て，現在，多摩美術大学准教授，文芸評論家。「神々の闘争　折口信夫論」で群像新人文学賞評論部門優秀賞受賞（2002年）。著書に，『折口信夫』（講談社，2015年）など。

福田アジオ

『柳田国男の民俗学』

吉川弘文館，1992年

―――民俗学に何が可能か―――

　現在の日本のように学者・政治家・官僚が意思を疎通することのない民主主義国家は珍しいのではないかと思う。明治憲法体制のなかでは，福沢諭吉・吉野作造・美濃部達吉・新渡戸稲造，そして大隈重信・森有礼・石黒忠篤など，学者あるいは学者的な資質をもった政治家・官僚はそれなりの影響力があった。幕藩制国家の解体において「洋学」と「国学」が相当の役割をになった以上，これは当然のことであったろう。それを破壊したのは，昭和の超国家主義であった。戦争は国家理性から学術を排除するシステムという意味でも，「無謀」なものであったのだろうと思う。

柳田国男という人

　柳田国男は，決して豊かではない家から出身しながら，東京帝国大学を卒業の後，農商務省の農政官僚として出発し，すぐに高等文官試験に合格して，法制局参事官，貴族院書記官長（勅任官），国際連盟委任統治委員，そして第二次世界大戦の終了後に枢密顧問官（親任官）に就任するなど「出世」コースを歩んだ人物である。出発点となった農政経済学では，農業の資本主義化と中農の育成，小作料金納制の導入と産業組合の組織などによって分配関係の改良を主張した。ま

た内閣文庫に勤務してその蔵書を読みあさり、さらに早く宮内書記官となり、大正天皇の即位に際しての大嘗祭に奉仕するなど、国家機構内部の伝統・儀式に精通する立場にいて、終生、勤皇を自称していた。

　こういう立場の柳田の農政学にとっては、地主制的な土地所有の変革などは「ただ片よった解決」にすぎなかった。戦争体制に対する抵抗という意味でも、その保守主義が無力であり、実際上は迎合に終止していたことは冷厳な事実である。柳田は、社会には基本的に調和しえない利害の対立、階級的な対立と分裂が存在しており、実際上、歴史はそれを最後の旋回軸として動いているという単純な事実を認めようとしなかった。そして、柳田が戦争と国家神道に対して狂信的でなかったことも、官僚的な保身と賢さという要素が強かったためといわざるをえないだろう（このような側面については岩本由輝『柳田民俗学と天皇制』吉川弘文館、1992年、が委曲をつくしている）。

　しかし、私は、敗戦後、柳田がその処世についても一定の反省を述べていることは、やはり大事だと思う。また柳田が、全力を挙げて、資本主義化のなかで破壊されていく生活と生業の相互扶助の歴史文化を記録し、それを通じて、この国における「民族的な感情」の謎を解き、透明なものとして再構築するための学問、すなわち「民俗学」を構築しようとしたことも、きわめて大きな意味をもっている。柳田は農政学から始めた「社会のための学問」という初心を、この別の道を通じて生かそうとしたのである。これが、言葉の本来の意味での保守主義の要素がなくしてはできない仕事であったことは認められるべきであると思う。その価値は日本の学術にとってかけがえのないものである。

歴史学にとっての柳田の親しさ

　さて、歴史学者という立場からすると、かつて「歴史学にとっての

柳田国男」(『物語の中世』講談社学術文庫，2013年)という文章でも述べたように，柳田の仕事は，それを「学際」という項目で扱うのは，何か他人行儀なような気もするほど親しいものである。『柳田国男集』の用語総索引の巻などを，万能の研究工具のようにして座右においている研究者も多いと思う。しかし，柳田の仕事は柳田がなかば自己流の方法で組み上げたものであり，かつ上記のように柳田の立場が複雑であったこともあって，その全貌はきわめてわかりにくい。もちろん，歴史学にとっては，柳田の民俗学の意味は，それが必須の研究工具であるという点に尽くされているということもできる。それこそが柳田の学術的な栄誉の一つなのではあるが，しかし，その民俗学の体系の全体を，いちおうでも知っておくことも必要である。

　本書は，(1)柳田国男の生涯と民俗学，(2)方法と歴史意識，(3)家永続の願いと親子，(4)働く女と神を祀る女，(5)ハレとケ，という過不足のない構成をもっており，座右に置いて必要に応じて柳田民俗学の全貌を見通すためにもっとも適している本である。さらに特記しておきたいのは，本書が民俗学者自身による柳田民俗学に対する，ほぼ初めての全面的な批判の書であることである。(1)の紹介は省略するが，(2)「方法と歴史意識」ではいわゆる「重出立証法」と「常民」の概念への批判があり，これは方法論の問題としては決定的なものである。

　また(3)「家永続の願いと親子」は，まず『明治大正史　世相編』の第9章「家永続の願い」の冒頭に引用された，行き倒れの老人が先祖の位牌(いはい)をもっていたという新聞記事の説明から始められている。柳田の多面的な「家」論について，その中心となった祖霊祭祀にしぼって的確な紹介がされている。そのうえで，柳田が，最初は重視していた沖縄における祖霊観念を議論の体系化の中で無視するにいたったこと，それに関係して，祖霊を集合霊と立論する議論が実証性をもたな

いという批判がされている。「霊魂」についての現在の研究の初発に位置する柳田の仕事には意外な問題がはらまれていたということになる。

また「親子」は親方・子方を論じたものである。福田には『可能性としてのムラ社会　労働と情報の民俗学』(青弓社，1990年) という労働の組織と民俗に踏み込んだ仕事があるが，その観点からみた「親方-子方」という柳田の議論の評価はきわめて興味深い。また，ここでは柳田の家族史論も紹介されている。それによれば柳田は，徳川期以前の地主制は，融和的な大家族そのものであったが，徳川時代に小家族が一般化することによって地主制から一体感が消失したと考えていたという。福田のいうように，これは徳川時代史研究の「通説」が，「家父長的奴隷制」という大家族制から小家族の一般的な成立への変化を描くのと枠組としては同じことであり，現在からみれば，どちらもあまりに図式的な歴史像であることは明らかである。この種の大家族から小家族という図式は，諸形態の地主制が一般的であった戦前社会が自然に生み出した通俗常識というべきものであって，歴史学も民俗学もそれに流されてきたということになるだろう。

そして，(4)「働く女と神を祀る女」では女性の境遇に対する柳田のあたたかな共感にみちた婚姻史論，主婦論と巫女論が体系的に紹介されて，その画期的な意味が強調されている。しかし，他方で，福田は，所詮，柳田の議論は性別役割分担論の域を越えていないという。柳田は女性の歴史的な存在形態を全体像として整合的に把握していない，主婦論においては家の祭祀の担い手としての主婦という観点はなく，巫女論においては，巫女の職能の形成や仕組み，その漂泊の境遇の厳しさは問われることがないという。その高い評価と厳しい批判の対照を読んでいくと，それがそのまま，柳田を超える研究の課題を示唆するものとなっていることはさすがである。

(5)「ハレとケ」でも，高い評価と端的な批判の対照は読み応え(ごた)がある。たとえば有名な家作りの「右勝手・左勝手」（入口と土間が家のどちらがわにあるか）によって関東と関西が区別されるという図式について，福田は，自らの調査経験をふまえて，学術的に実証できることではない，「思いつきの域をでるものではない」と断言する。またさらに有名な「木綿以前の事」については，ここで述べられているのは「直感による解釈」にすぎず，もちろん，評価するべき点はあるとしても，このままでは「民俗学の論文」とはいえないとまで酷評している。

柳田国男を超えるために

以上，批判の点に偏って紹介をしすぎたかもしれない。慌ただしい世相との関わりのなかで実施された柳田の民俗学的な研究が，様々なほころびをもつのは当然のことである。そして何よりも重要なのは，実際上，このような批判的な読み方を貫くことによって，私たちは，初めて柳田の民俗学の体系性を認識することができることであろう。柳田の仕事を人一倍読み込み，高く評価している民俗学者自身による点検によって，柳田の仕事のどこが間違いで，どこが正しいのか，どこを安心して使うことができるのかの案が示されたのである。柳田の仕事を利用せざるをえない歴史学者にとってはありがたいことである。

そもそも柳田の対象とした明治・大正の民俗は，直接には徳川期社会に根をもつものである。その本格的な検討を歴史学者と民俗学者の共同の仕事として行なうことは，前述のような性格をもつ柳田の仕事の内容や影響の大きさからいっても必須の仕事であろう。なお福田は徳川期村落論について文献史料にもとづく本格的な仕事をもつ，歴史学者ときわめて近いセンスをもつ研究者なので，歴史学への影響も大きく，また歴史学と民俗学の関係について一家言のある研究者である

ことも付言する。

　さて、柳田民俗学と歴史学の関係については、このほかに佐伯有清『柳田国男と古代史』(吉川弘文館, 1988年)が柳田の『日本書紀』『古事記』に対する見方を系統的に論じたものとして有益である。そして、柳田が南方熊楠からフレイザーの『金枝篇』を教えられ、その強い影響をうけたこと、しかし、戦争中には同書が天皇制の宗教的秘密を暴くものとして危険視されることを警戒し、翻訳の試みを止めようとしたことを明らかにしたことも特筆される。

　また川田稔『柳田国男』(未来社, 1992年)も、「国家神道」に対する批判と反省の意をこめて、晩年の柳田が立ち戻った「氏神信仰論」を徹底的に復元した仕事である。福田の説明した「家永続の願いと親子」を補うものとして利用価値が高い。それに関わって「柳田国男の神話論」が論じられていることも重要で、柳田の祖霊信仰論と「語り物・昔話・伝説」などの口承文芸論の背景に存在していた「神話」論を体系的に復元している。柳田は自己の仕事を「新国学」と称したこともあるが、川田の視点によって、「国学」に始まる、日本近代の学術全体を見直すことも可能となるように思う。

福田アジオ(ふくだ・あじお, 1941-)

　東京教育大学大学院文学研究科修士課程修了。国立歴史民俗博物館名誉教授。『日本村落の民俗的構造』(弘文堂, 1982年)をはじめ著書・編著多数。近著に、『現代日本の民俗学　ポスト柳田の50年』(吉川弘文館, 2013年)がある。

中井久夫

『治療文化論　精神医学的再構築の試み』

岩波書店，1990年／岩波現代文庫，2001年

――精神の歴史――

　本書の著者は著名な精神医学者であり，治療者であり，詩人である人であって，この本はあくまでも精神医学者へのメッセージであり，19世紀末ドイツに由来する文化精神医学の伝統を学史的に内省し，日本の精神医学が進むべき方向について論じたモノグラフからなっている。

　精神医学は，普通，心の病を器質的な病としての「普遍症候群」と，特定の文化と深く結びついた「文化依存症候群」に分類するが，本書は，さらにその第三の類型として"健常者"とのボーダーラインに「個人症候群」を置いた。これが歴史学に関係してくるのは，本書が，その三つの病相に対応して，おのおのの民族に特有の「治療文化」が存在しているというシェーマをふくんでいるからである。私は，これを読んだ時，「民族」という歴史学にとって扱いに困る問題が，この方法を突きつめることによってみえてくるのではないかという希望をもった。

「個人症候群」と中山ミキ

　ただ，本書が日本史研究の分野で一挙に有名になったのは，上記の「個人症候群」という用語に依拠して，天理教教祖，中山ミキの宗教

性の本質を見事に説明したためである。中山ミキの神懸かりは、いわゆる「創造の病」に属するものであるが、よく知られているように、彼女は、嫁として農村と家族の困苦と労苦の極点におかれる中で、急に「われは天理王命なるぞ」と宣言し、自分の居宅に縄をかけて引き倒し、夫と舅らの家族による礼拝を要求し、さらにその宗教的な狂熱を家族から村へ、地域へと広げていった。

　ミキの立教は1838年（天保9）。幕末の激動的な世相を背景としたものであって、私も、この列島社会において「精神史」ということを問題にしうるとすれば、その焦点が、この時代の精神をどうつかむかという点になるのであろうと思う。それはもちろん、「維新の志士」といわれるような俗世の野心にみちた人びとではなく、ミキのような人びとに関わることである。彼女は、かしこく威厳があり、徳川期農村的な教養と強さをもった女性であったという。中井は、思想史家の安丸良夫のシェーマをかりて、ミキの背景に「通俗道徳」をおく。そして、その民衆的な道徳世界からの倫理的、道徳的な問いかけの突出を、精神医学の方法にもとづいて「個人症候群」として捉えた。

　中山ミキの婚家は、現在の天理市長柄の地。東側を走る龍王山脈が奈良盆地東縁断層帯によって国中平野に移行する境界地域に位置する。中井も同じ土地で育ったということで、その実感をふまえてのことなのであろうと想像されるが、この土地につきまとう宇宙感覚のようなものを、ミキの「創造の病」の背景に想定する。つまり、この土地は、奈良市街地からも、三輪山や畝傍山などの南側の顕示された神話世界からも外れた、神々が見棄てた土地、いわばT・S・エリオットの「荒地」である。しかし、大和のたたなづく青垣の山々の麓、異界と平野との境界地帯にこそ、忘れられていた「世直し」の神は宿る。中井は、この地の風景を詳細に語りながら、そのような宇宙感覚を説明し、中山ミキの「天理王命」宣言を「大和という閉ざされた宇宙に

強引に新しいコスモロジーを投入した」ものと説明する。

　もちろん，先は長く，議論はまだ緒にもついていない。たとえば，中井は，龍王山，「ミキの背にした山は，もっとも伝説に乏しく，山容のかんばしくない，格の低い山であった」というが，北條芳隆などの近年進展している神話考古学の研究からすれば，むしろ龍王山こそ太陽と月の出入りのマークとなり，飛鳥からも見える盆地東側の最高峰として，古墳の立地の基準となっていたという（北條芳隆「古墳時代における環境と地域間の相互作用」（『古墳時代の考古学７　内外の交流と時代の潮流』同成社，2012年）。奈良盆地全体の歴史的な宇宙論からいえば，むしろこの山の麓，現在の天理教宗都，天理市の一帯こそが，ミキのいうとおりに，「おやさと」であったかもしれないのである。中井は，西部の生駒(いこま)山地も「伝説に乏しい」というが，私見では，記紀神話の外被を取りのけてみれば，そこは月の聖地としてかぐや姫神話の原点である（『かぐや姫と王権神話』洋泉社新書ｙ，2010年）。

　徳川時代の大和盆地のコスモロジーのなかに，これらの観念が残っており，それがミキの心身をかりて噴出した可能性も否定すべきではないように思う。幕末維新期の価値体系の地盤喪失が，神話世界と接触するなかから激しい光を発するということは，平田篤胤の世界をみても十分に考えられることであろう。そのような精神史を「民族」の風景のなかに正しく置くことは，やはり必要なことであろうと思う。

歴史学と精神医学

　実は，私は，一度だけ著者にお目にかかり御挨拶をしたことがある。それは中井の親友であった歴史家・河音能平氏の追悼会で，中井が追悼の辞をのべるのを聞いたときである。2004年の秋であった。

　私は，すでに1998年に顛(てん)癇(かん)とナルコレプシー（嗜眠症）の病いについて論じた「『物ぐさ太郎』から『三年寝(ね)太(た)郎(ろう)』へ」という論文を

おさめた著書（『物語の中世』）を刊行していたので，そのときの印象が強く残っている。この論文は，鎌倉から室町時代の六通の人身売買文書にみえる「大ね・てんかう」などという病名を統一的に「大寝・顛狂」，つまり嗜眠症と顛癇と解釈できると論じたものである。この時代の人身売買は，15歳前の下人の若者の売買文書がほとんどであるから，これは顛癇性の病が主人の変更にともなう環境変化をきっかけとして発することがあったことを示すのではないかと推論した。そして，民話の「三年寝太郎」の原像にはナルコレプシー（嗜眠症）の病があると考えたのである。

　歴史学にとって心の病の研究は大事な仕事である。荒野のようになったこの国の精神が自己自身をみつめ直すことを助けようとしている精神医学に対して，歴史学は，心の底の国，精神の根の国の歴史的風景を明らかにしなければならない。歴史学は，間接的であれ，精神科学を支え，その国の「治療文化」を支えるという重要な役割をもっている。この場合の基礎は，やはり精神医学のいう普遍症候群の病態を事実に即して解明することにあるだろう。歴史学としては，まずは金子準二『日本狐憑史資料集成』（日本精神病院協会，1966年）を批判的に検討する必要があり，またすでに35年前に出版された小田晋『日本の狂気誌』（思索社，1980年／講談社学術文庫，1998年）への応答をしなければならない。さらには，歴史学者も，土井健郎・野田正彰などの精神医学分野からの仕事の全体に親しむべきであろう。

　しかし，中井のいう文化依存症候群の歴史的状況を明らかにしていくというようなことはいつ可能になるものなのか，私にはまったく想像がつかない。一般に，歴史学では「日本文化論」といわれる研究の仕方に強い批判がある。石母田正「歴史学と「日本人論」」（同著作集8，岩波書店，1989年）がいうように，社会の歴史的な仕組みやイデオロギーから離れて「日本人論」を論ずるという安易さについていけな

いという訳である。それは当然なのであるが，中井による文化依存症候群という問題提起は，「民族」的な伝統や気質のような問題に関わることは否定できず，やはり一度は正面から向き合わねばならないのかもしれない。中井の本は，以上のようなさまざまな問題に関わってくる。

歴史家の心

なお，最後となったが，中井は一般に歴史学的な作業をやるものには，その職業病といってよいほどうつ病が多いといっている。やや長くはなるが，次の文章を読まれたい。

「歴史に興味を持つ人すなわち過去に興味を持つ人は，木村敏のいう postfestum 的な人，いわば（微分でなく）積分回路的な人，日本の精神医学で（ドイツ精神医学以外では承認を得ていないけれども）「執着性気質」といわれる，几帳面で，飛躍をみずからにゆるさず（結果的には「綿密」になる），やや高きにすぎる自己への要求水準とそれにもとづく課題選択にしたがって範例枚挙的に無際限の努力をしながら（「仕事の重圧につねに押しつぶされていたい」（若き日のウェーバーのことば，マリアンネ夫人による）），つねに不全感からのがれられず，しかも，緊張と高揚感とを職場を去って自宅へ戻ってからも持続する，という人であることが臨床的には多い。公刊されている事実として，維新史研究者・服部之総の生涯をかけたうつ病との苦渋な共存を挙げる。」

私などは，歴史学を職業としていても，几帳面でもなく，綿密でもなく，いい加減ですぐに諦めてしまう人間であって，生活は別として職業に由来する病はもたない。しかし，はるか以前の服部之総の時代から歴史家の鬱は現実に存在した。そもそも日本社会のなかでの歴史学の社会的責務は重いものであるが，歴史家のなかには，私もふく

めて文学好きが高じて，歴史学の世界に迷い込んでしまったというタイプがいる。重たい職業世界で，しんねりむっつりと史料を読み続けているのは，うまく処理しないと心身への負担が多い。

　現在，歴史学の世界もご多分にもれず，情報化の波におそわれており，その条件を利用する術を身につければ，あるいは今後は，中井のいうような歴史家の職業病ということはなくなるのかもしれない。歴史家がその頭脳の記憶領域に重荷をおわないことはよいことであると思う。しかし，中井の上の文章を読むと，歴史学という仕事がどういうものなのかを内省させられるのである。

中井久夫（なかい・ひさお，1934- ）

　奈良県天理市に生まれ兵庫県で育つ。京都大学医学部卒業，現在，神戸大学名誉教授。精神科医としての仕事のほかに，ギリシアの詩やヴァレリーの翻訳などでも知られる。著作多数。『中井久夫著作集』（全6巻・別巻2，岩崎学術出版社，1984-1991年），『中井久夫コレクション』（全5巻，ちくま学芸文庫，2011-2013年）がある。

第4部

研究書の世界

　歴史学の研究は研究書を読むことによって始まる。そして研究書は1冊ではすまない。研究を続けることになると、同じ著者の別の本、さらにその歴史家が前提としている他の歴史家の仕事も見えてくるので、そこを芋づるのように掘っていく。こうして地下茎のような研究史というものが目に入るようになると、歴史学の大地ともいうべきものの雰囲気が分かってくる。

　以下の8冊は各時代から撰んだもので、全体を読めば、ある種の「通史」のイメージがわくように工夫したつもりである。「通史」というよりも時代ごとの基礎的な歴史像といった方がふさわしいだろうか。その時代のもっとも大きな特徴というものはどういうものかについての具体的イメージである。歴史学の仕事は、結局、それを前提として過去を見通していくための足場のようなものを作り、歴史の全体を本格的に考え、人類史の未来についての参照基準を作り出すことにある。現代の世界がもつ問題は深刻で複雑なものであるから、こういう仕事がどういう全体像に結果するか、まだ十分にはわからないが、しかし、歴史家は必死になって仕事をしており、私は、10年立てば、方向が見えてくるだろうと楽観している。

　なお、歴史学は、所詮、歴史家がつくるものである。それゆえに、研究を続ける上では、研究史の概説のような本を読むよりは、個々の歴史家の肉声を知っておくことの方が、ずっと力になると思う。たとえば、『証言戦後歴史学への道』（青木書店、2012年）は、歴史学研究会という在野学会が、その会誌『歴史学研究』の復刻版を出版した際の月報に載った歴史家の随想をあつめたもので、重複をのぞくと、94人の各分野での代表的な歴史家の文章が集まっている。なまな研究のエピソード、学会の運営の実情をかたる裏話などからなる読み切りの文章なので、臨場感もあってたいへん読みやすい。強くお奨めする。

津田左右吉
『日本古典の研究』

岩波書店, 上下, 1948-50 年

――実証的記紀研究の出発点――

　津田左右吉は近代歴史学の大先達の一人であって, 『古事記』『日本書紀』を歴史学的な史料批判の方法によって分析する体系を, まったく独力で最初から作り出した学者である。1930 年代, 天皇制的な超国家主義が猛威をふるうなかで右翼の攻撃をうけ, その主要著書は発禁となり, 早稲田大学を辞任するのみでなく, 法廷において神武天皇以下の「実在」を承認させられるところに追い込まれた。その経過を考え, 学問の義理から言っても, また先達の苦労を実感するためだけにでも, この本くらいは読んでおきたいものである。柳田国男の文章に似て, センテンスが長いのがとっつきにくいが, 覚悟をきめれば, 相当のスピードで読める本である。日本史に興味をもったなら, 津田と柳田の文章には慣れるほかない。

神話をありのままに読む

　細かなところを気にせずに読んでいけば, 『古事記』『日本書紀』の神話を本格的に論じたこの本が, いわゆる皇国史観が隆盛の時代, 一種の解毒剤のようにしてよく読まれた理由がわかるだろう。次のような痛快なところを多く含む。いわく, 「世間には今日もなほ往々, タカマノハラとはわれわれの民族の故郷たる海外の何処かの地方のこと

であると考え，ホノニニギの命のヒムカに降臨せられたというのは，その故郷から此の国へわれわれの民族の祖先が移住してきたことであると思うものがあり，また神が島々を生まれたというのは国土を経営せられたことだといい，タカマノハラもヨミの国もまたワダツミの国も，どこかの土地のことであり，荒ぶる神があるとか草木がものをいうとかいうのは，反抗者賊徒が騒擾(そうじょう)することだと説くことが多い」。神話を「強いて合理的に解釈」したり「比喩」を多用する傾向は，徳川時代の，新井白石や本居宣長以来のもので，現在では，俗説，牽強付会に堕している。津田はそれを痛烈に批判して，神話はありのままに読まなければならないと主張したのである。

　もちろん，津田は本居の『古事記伝』を利用した。『古事記伝』は俗論も多いが，一種のデータベースとしては今でも使える本である。しかし，津田は，それをこえて，徹底的な神話のテキスト批判を遂行した。津田はそれによって，『古事記』『日本書紀』編纂のもとになった「帝紀（天皇の年代記）」と「旧辞（古い物語）」がだいたい6世紀には存在していたこと，そこに当時の国家の政治思想が直接に反映していることなどを否定しがたい形で明らかにした。そして，日本的なものと理解されていた『古事記』などの「天皇神話」が，実は中国からの輸入思想によって潤色されていることを突き止めた。津田は「近代的な」ナショナリストであると同時に，天皇制の支持者であるという，いわゆる明治人らしい人間であったが，このような立論が極右ファシズムの虎の尾を踏んだのである。

道教思想と神話の文芸化

　その立論において，とくに津田が重視したのが，中国の南部の，いわゆる六朝(りくちょう)に栄えた貴族文化であった。津田は，その六朝時代における道教，不老不死の方術(ほうじゅつ)，神仙思想などの神秘主義思想が，百済

を通じて倭国の朝廷にきわめて大きな影響をあたえたとした。このルートは、現在ではさらに詳細な研究が進んでおり、津田の見通しが正鵠を射ていたことが明らかになっている。津田が、この段階ですでに「天皇号」が道教思想の影響下で採用されたものであることを論じていることも歴史学界にはよく知られていることである。

　『古事記』『日本書紀』が王家の支配の由来などを語るものだというのは当然のことであるが、それは同時に神話の文芸化だったのである。そして、7世紀には神話の時代は終焉に向かっていることからすれば、『古事記』『日本書紀』の叙述は、逆説的ではあるが、国家が文芸という形で神話から脱却するための作業であったともいえよう。私は、2010年に執筆した『かぐや姫と王権神話』で、この津田の指摘を前提として、『古事記』と『竹取物語』は中国の神仙思想を共通の地盤として直接に連接していると述べたことがある。『竹取物語』は、8・9世紀の知識人世界に滔々と流入していた神仙思想を媒介として、倭国における月や竹の神話を組み直したものであると思う。

　ただ、津田の神話論の問題は、津田に教養がありすぎたことかもしれない。つまり、神話はかならず世界観であって、そこには本来は「この世界がどう形成されたか」を語る宇宙生成神話がふくまれているはずである。しかし、その漢籍の知識が第一級であったため、津田は『古事記』『日本書紀』の宇宙生成神話らしきものが、すべて中国に原典をもつと断定してしまった。歴史家の教養は広く浅くである必要があって、津田のように一箇所で深すぎるのはしばしば重荷になる。津田は、『古事記』『日本書紀』のテキストのなかには、本来の意味での神話的な世界観、「宇宙生成神話」が欠如していた、「民間説話の本質を有する宇宙生成物語が、少なくとも神代史の上に現れていない」と結論してしまったのである。

　もちろん、津田の指摘それ自身は正しい。日本の神話の特徴は、宇

宙創成神話を形式的にしか語らず，王権神話が優越しているという奇妙な「古典神話」（文字化された神話）が政治的に創出されたことにある。津田の優れていたのは，このことを日本の民族宗教，つまり「神道」における教典の不在という問題に直結する決定的な問題と考えていたことにある。津田は，このことを，もう一つの重要著作，『日本の神道』（全集9）で語っている。

つまり，津田は「神道」という言葉には，(1)仏教と対置される意味での「民族的風習」としての呪術宗教，(2)神の力などの一般用語，(3)鎌倉時代以降の一種の神学化した神道という三つ意味があったという。(1)は非仏教という消極的な意味しかもたないから，問題は(2)(3)だが，それを点検してみると，これらはやはり中国思想の影響の下で（観念的反発もふくめて）形成されたもので，そこでは『古事記』『日本書紀』などが「神典」として扱われているようにみえるが，それはそうみえるだけであると断言する。津田にいわせれば，『古事記』『日本書紀』に宇宙生成神話がふくまれず，一つの文芸にすぎなかった以上，これは当然のことである。すなわち，「宇宙生成神話の欠如」は，津田によれば「神道」における「神典の欠如」，その中国文化依存につらなるというのである。これは結局，「神道」を中国の道教類似の宗教であると規定したということであろうと思う。

読めばわかるように，この『日本の神道』は明瞭な国家神道批判をふくみ，さらに神道の非宗教性，国家儀礼的な性格を強いて主張する見解（「神道習俗論」）にも厳しい批判が行われている。後者のみ引用しておくと，「神道から宗教的性質を排除し，道徳的政治的意義においての典礼としてそれを見ようとする主張もあるやうであるが，（中略）それは明白なる現在の事実を無視するものといわねばならぬ」という訳である。こういう主張が「国家神道」を中軸とした超国家主義の神経にさわったのである。

神話学からの津田批判

　さて、私は、津田の問題提起は現在でも重大な意味をもっていると思うのであるが、しかし、津田の主張のすべてを容認する訳にはいかない。とくに重大なのは、津田は『古事記』『日本書紀』のなかには宇宙生成神話が隠されていることを見逃しているという神話学の側からの批判であろう。

　その中心となったのは、日本の神話学の基礎を作った学者、松村武雄の仕事であった。松村は、津田の問題提起の重大性を認めた上で、一貫してそれとの格闘を続けた。松村はいう。「ここでは宇宙創成論は、一面においては漢土の典籍からの単なる借物であり、他面においては自生的ではあるが、太だしく簡単な神名の列挙に過ぎぬ」(『日本神話の研究』第1巻、培風館、1954年、136頁)。しかし、それは「政治的に一つの中心を確立しようとする精神、もしくは該精神の下に活動したとされる神々（それは天皇氏の祖先に他ならぬ）の人物的事業を説く神話」のために「自ずからなる淪匿を強いられた」結果であるという。つまり、宇宙生成神話は「淪匿」させられたのである。たとえば、有名な『古事記』冒頭のタカミムスヒその他の神が「独神になりて身を隠せり」とされていることは、むしろ神話の編纂者による意図的な隠蔽である。彼らは、その「淪匿」を神自身の仕業であるかのように叙述したのだということになる。

　松村は、このように論じた後に、神話学の重厚な知識にもとづいて、倭国の古典神話のなかに残る自然神話の痕跡を詳しくかつ慎重に指摘していく。そのなかでもっとも重要なのは、津田がイザナキ・イザナミの「ミトの婚合」による列島の産出を、「土地の起源が人の生殖として語られたことは世界に類例がない」として、これは神話編者による「(中国的)潤色」であるとしたことへの異論であろう。松村は、第二次大戦直後の知識人世界のなかで、この津田の指摘が自明なこと

のように扱われているのに対して，マルケサス諸島の神話でも太初に神が島々を生んだことを例示している。そして国生の最後にイザナミが火の神カグツチを生んだことは，火山噴火を物語る自然神話であるとしたのである。松村にはギリシャの火山神話についても充実した仕事があり，その神話学的な見解の説得力はさすがなものがある。

また，津田は，神話時代の倭国の人々はそもそも天界の現象に興味がなかったとして，アマテラスその他の神々も「潤色」によって作り出されたとするが，松村は，これに対しても妥当性を欠くと指摘している。これについては，近年，勝俣隆『星座で読み解く日本神話』（大修館書店，2000年）が星座について具体的な見取り図を提出していることも紹介しておきたい。

以上が，津田の神話論（および神道論）についての紹介と若干の批判である。私は，津田の仕事の意味を明瞭にふまえた上で，神話学との間で日本神話の本質についてあらためて議論をするべき時期がやってきていると考えている。この仕事は，この国の歴史学にとって，何度でも立ち返るべき基礎構築の位置にあることを強調しておきたい。

津田左右吉（つだ・そうきち，1873-1961）

　岐阜県出身。東京専門学校（後の早稲田大学）卒業後，中学教員や満鮮歴史地理調査室研究員などを経て早稲田大学教授となる。戦前にはその闊達で実証性を重んじる古代史研究が批判され，著作の発禁処分を受けた。『日本古典の研究』は全集1・2巻に収録（全33巻・別巻5巻，岩波書店）。

平川南

『律令国郡里制の実情』

吉川弘文館，上下，2014年

―― 古代世界の多様性 ――

　平川は，東北の多賀城の研究所にいたとき，土の中からでてきた皮のようなものを赤外線ビデオでみて文字があるのを発見した。その正体は漆桶の蓋紙に使われて真っ黒になった紙，漆紙。木簡に次ぐ，第二の発掘文字史料の登場である。これは古代史研究のあり方を大きく変えた。つまり，従来の古代史研究は中央集権というイメージの下に，おもに法制度史料の分析が中心で，そのため，国家の地方支配も「国・郡・里（郷）」という地方制度の形式的な枠組にそって論じられてきた。それに対して，著者は，考古学者と協同して，発掘された地域史料を中心に問題を組み立ててきた。本書は，書名が示す通り，古代の「律令国郡里制」の形式的な制度研究に対して，その「実像」を対置したものである。

国家機構は交通形態から生まれる

　まず最初に取り上げられるのは，七道の制度である。そこでは，諸国の国名の語義が抜本的に見直される。国名は，ヤマトの支配層が七道を行き来するなかで，その動く視点にもとづいて名付けられたものであるというのである。たとえば，本居宣長以来の通説によれば，武蔵はムサ下，相模はムサ上の転訛，両国は牟佐国という国を上下二つ

に分けたものだということになっていたが、武蔵は本来東山道ルート、相模は東海道ルートで上総・下総につながる以上、相模と武蔵の国名は個別に考えるべきだ。サガミは関東の入口、足柄坂のサカに関係し、ムサシは「六差」であって周囲六国に道が通じている意味だという。同じように甲斐も「交ひ」、つまり北の東山道と南の東海道の結節点にある国であるということになり、それはヤマトタケルが甲斐酒折宮を拠点にして、東山・東海の両道を制圧したという有名な伝説に結びつくというのである。

　国家機構は交通形態から生まれる。つまり中央と地方を結ぶ「道」から生まれたということになるだろう。とくに東国の場合は、その先端の「陸奥」(道の奥)や「出羽」(イデハ＝出端)に蝦夷地への軍事植民組織、「柵・城」が置かれており、それをふくめて奈良時代になっても、「道」にそって陸奥出羽按察使などの広域軍事行政が残ったということになる。越が越前・越中・越後、吉備が備前・備中・備後、筑紫が筑前・筑後に分割されたのも同じことである。

　こういう「道」にそった広域支配が実際に大きな影響をあたえていることは、諸国の「国」自体が、道にそった地理的な条件によって「道前・道後」などとブロック分割されたことにも現れる。これは鎌倉時代になっても国府・守護所を中心として各地に「奥郡」というブロックがみられるのと同じことであろう。このブロックの形態はきわめて多様であるが、しばしばそれに関係して出羽・加賀・丹波などの国の分出、さらには国府の移転が行われたという。しかも、こういうブロックは、国司の守・介・掾・目の四等官による地域担当に結びついていた可能性があるという。従来は、ややもすると、国司のうちの守のみが指揮系統のトップに位置すると考えられがちであったが、実際には、各地から、「守」だけではなく、「掾・目」に「大夫」という尊称を付した木簡が出土している。これは、国司の次官たちが、国内

の分割地域に独自権限をもっていたことを示すのである。

郡里レヴェルの役所と交通

　これは国内の郡里のレヴェルでも同様であって、丹波、甲斐、陸奥などの事例から郡が内部で「東西」分割されている様相が明らかにされる。郡には郡家郷（郡衙の所在する郷）のほかに、それに準ずる大家郷、さらにたとえば氷上郡に氷上郷というような郡名郷が同時的に存在する場合がある。これらには様々な経緯が想定されるが、ようするに本質的には、それらは郡衙別院などと史料に現れる郡衙の支所というべき存在であるという。こういう分郡といわれる現象は、制度が崩れていくということでなく、郡そのものが最初から分掌と分割の可能性を含んでいたことを示すのである。

　さらに下の「里（郷）」レヴェルも一枚岩ではない。著者は、郡が「里刀自」に令して労働動員する様子を示す木簡史料などから、里（郷）の内部に「氏」の集団が存在していることに注目する。そもそも「郡・里」のあいだの分割・分掌は「氏」に関係しているのではないか。さらに著者は、この「氏」と重なって「村」（ムラ）があったことをも示唆するようである。この「村」は、おもに里（郷）内部の地点や領域表示、さらに五十戸の戸籍を施行する前の集落表示に使用される用語であり、ようするに郡里の内部には一定の集落性をもつ「村」が隠れていたのである。ただ注目すべきなのは、「村」が郡内部の複数の里（郷）をふくむような広域表示として使用される場合もあることで、著者によれば、これは「村」が「群集一般＝ムレ」というより一般的な語義をもっていたために、それをつかって里（郷）のような単位を外れたまとまりの呼称として使ったのであるという。これは複数の里（郷）をふくむまとまりという意味では、郡の分割と同じことであろう。里（郷）と村の関係というのは、第二次大戦前の清水

三男の提言以来の大問題であるが、ここに確実な検討の方向が明らかになったように思える。

　しかも、この村のレベルに照応して、郡郷の内部には駅家・厨家・烽家・津司などという多様な交通組織が存在していることを示す木簡が続々と出土している。そこに明らかになるのは、地域支配機構が、網の目のように広がる陸路と海路の交通網に瘤のように結節している様相である。これらの組織の駅長・厨長・津長、さらには庄長・税長などの史料も出土しており、9世紀の文献にはほかにも調長・服長などが登場する。「里長」もふくめると各郷に相当の「長（役人）」が生まれているのであって、私は、これらの人びとのうちの有力者は「刀禰」といわれているに相違ないと考えている。刀禰は男の有力者で、前述の「（里）刀自」は女の有力者ということになる。

　こうして、「国郡里」の行政組織は、実際には「道＞国＞郡＞里（郷）＞村」という多重にして複合的な実態をもっており、その間の指揮・分掌系統も単純なものではないことが明らかになった。8・9世紀の地方組織のイメージの根本的な塗り替えである。ただ、本書は上下2冊、全体で800頁余の大冊であって、その分析は詳細・極微にわたる。それ故に、全体イメージをつかむには、著者が本書の各論文を基礎にして叙述した通史シリーズの一冊『日本の原像』（小学館、2008年）で読まれた方が分かりやすいだろう。この『日本の原像』を読んでから、その詳細な史料実証編として本書を読めば、歴史の眺望はさらに広くなるだろう。

石母田「在地首長制論」は有効か

　さて、著者は石母田正 - 青木和夫と続くいわゆる「在地首長制論」の直系の位置にある研究者である。この学統の強さを思い知るのであるが、しかし、率直にいって、私は、本書は、おそらく石母田首長制

論の大崩壊の開始の記念碑になるのではないかと思う。すでに本ガイド第1部で青木の仕事にふれて紹介したように，石母田は，教科書に描かれるような戸籍と班田収受制にもとづく，国家的な「個別人身支配」は建前であり，その内実は首長制的な郡司による共同体支配にある。つまり，「個別人身支配」という形をとった国家支配は二次的関係であって，その基礎には一次的関係として首長制が存在するという。しかし，これには根本的な疑問がある。奈良時代には，首長制は断片化し分散して，すでに国家の地方支配のなかに埋め込まれ，それと一体になっている。律令制的な「個別人身支配」は，むしろ本書が明らかにした重層的な役所の構造によって実現しているのである。首長制支配というものを，そこから切り離して「一次的生産関係」とするのは一つの仮想にすぎない。

　こういう発達した国家的な支配と所有の条件となったのは，文明化と急速な開発と交通によって，経済＝交通組織が群生し，国郡里の行政組織の周囲に結晶したことにある。9世紀の国家と社会は，それに連続して，京都を中心とする，より安定的な国家システム＝国衙荘園体制の大枠を形成したのである。地域社会では開発にともなって郡郷の組織がさらに個別化し，「郷倉・里倉」が分立・増加していく。村井康彦が論じた「里倉負名」である（『古代国家解体過程の研究』岩波書店，1965年）。彼らは「倉」を拠点として田地耕作を「負名（＝村の氏の名を負う身分）」として請け負う。私見では，この田地耕作契約は，律令制では「班田」といい，9世紀後半には「散田」といわれるようになるが，「班」も「散」も「あがつ（分与する）」と読む行為であって，両者を厳密に分けることはできない（保立『中世の国土高権と天皇・武家』校倉書房，2015年）。ようするに「個別人身支配」が基本的には連続しているのである。

　戸田芳実が明らかにしているように，10世紀以降の地域社会の秩

序は刀禰によって作られている（『日本中世の民衆と領主』校倉書房，1994年）。前述のように彼らは，8世紀以来の「長」たちに連続する存在であり，耕作の共同体的な秩序を指導する者としては「田刀（＝田刀禰）」と呼ばれ，国家（および庄園）に対する田地の契約主体としては「負名」といわれた。この田刀が平安時代なかばに「田堵」という普通の農民に対する呼称に変化し（「田や屋敷を堵で囲む人びと」という意味），負名が「名主」に変化するのである。

　従来の古代史研究は，普通，奈良時代の「国郡里」の地方組織は9・10世紀に解体していくという制度史的な解体史観が多かった。しかし，平川による国郡里制の実像の捉え直しによって，それを批判し，連続的な歴史的把握が可能になったのである。ただ，逆にそうなると石母田－青木の首長制論の枠組は，そのままでは維持できなくなるはずである。平川も，遺跡の観察から，9・10世紀の地域の有力者たちが新しい経営を作り出す様子を論じているが，それが平安時代の農村史研究と噛み合わないのは，この点の点検が足りないためであろう。そもそも石母田は，古代社会論は平安時代の終わりまでを見通さなければ生産的な議論はできないことを早くから強調していた。いまこそ私たちは，その意味をかみしめ，当の石母田自身を批判していく必要があるのである。

平川南（ひらかわ・みなみ，1943-）

　山梨大学卒業後，高校教員や出版社勤務を経て宮城県多賀城跡調査研究所勤務。その後，国立歴史民俗博物館教授，館長を経て，現在，同名誉教授，人間文化研究機構理事，山梨県立博物館館長。

黒田俊雄

『権門体制論』

『黒田俊雄著作集』第1巻, 法蔵館, 1994年

——中世国家論のメルクマール——

「武士発達中心史観」への挑戦

　黒田俊雄の仕事は, 国家と宗教から身分制度にいたる重厚なもので, 中世の研究者の必読書となっている。とくに重要なのは, 本書にまとめられている「権門(けんもん)体制論」といわれる国家論であって, ここではそれを解説し, さらに必要な批判も行っておきたい。

　新井白石の『読史余論(とくしよろん)』は, 律令時代には天皇が国家を支配したが, 柔弱な「公家(くげ)」が都の実権を握るなかで世の中が乱れ, それを立て直した質実剛健(しつじつごうけん)な「武家」が国家を握ったという。いわゆる「武士発達中心史観」である。明治政権も, この枠組を前提として, 自分たちのことを果断な草莽(そうもう)の武士が英明な天皇を担いだと理解していた。こうして公家だけが, 優柔不断な階級という意味での貴族であって, 武家はそれとは違うのだから貴族とはいわないということになったのである。白石のような見方は影響力が強く, 「公家＝古代的支配階級」, 「武家＝中世的（封建的）支配階級」などという図式の形で, 石母田正・松本新八郎などの戦後派歴史学にも残っていた。石母田などの考え方では, 平安時代は「古代」であるといい, 鎌倉幕府の創建から徳川幕府までの歴史は, そのまま歴史の進歩であるということになる。

　権門体制論は, この歴史常識に対して挑戦し, 公家も武家も両方と

も貴族であることに変わりはないとした。その際に黒田が注目したのが,「権門勢家」という言葉である。これが中世における貴族を指し示す言葉だったというのである。権門勢家には「公家・武家・寺社(寺家・社家)」などの種類があるが,これらは宮廷貴族・軍事貴族・宗教貴族として職能は違っても,同じ貴族の門閥であるというのである。一言でいえば,黒田は「権門勢家」という語を中世の貴族範疇として提出し,そこに武家もふくめたのである。

その際に黒田が重視したのは,現在の象徴天皇制イメージが過去の天皇制のすべてに延長される傾向に対する批判であった。そこでは天皇は (1) 政治的責任から外れた地位にあり (不執政論),(2) 文化支配を行う存在であり (徳治主義論),(3) 万世一系の神秘存在である (神話的血統と神国の思想) などの側面が,超歴史的な特徴として強調されることになる。黒田は,こういうのっぺりとした理解ではなく,天皇制の歴史的な変遷を明らかにするために,まず貴族というものの捉え方から再検討しようとしたのである。

私は『歴史学をみつめ直す』(校倉書房,2004年) という著書で,最後の (3)「万世一系」思想について,それは,平安時代,9世紀の唐と新羅の王朝の崩壊期に,日本の王家のみが血統を維持したという事実に根をおいて強固な国家思想となったと論じたことがある。つまりそれは最初から対外的なイデオロギーであったのである。黒田は,「万世一系」思想を支えたのが「神国思想」であることを詳しく明らかにしたが,それも東アジアと対比して日本の「国柄」を讃美する一種の国際的なイデオロギーであった。私は,この点を付加した上で,ここまでは黒田の意見に全面的に賛成である。

しかし,立ち入って検討していくと,黒田の議論は「権門勢家」による国家職能の分掌論として組み立てられている。つまり公家は「公事(くじ)」を司どる文官的な門閥,武家は武士集団を組織する源平両氏の棟

梁，寺家は「王法」に対置される「仏法」によって「鎮護国家」に勤める勢力（社家もこれに準ずる）であり，これらの「家」は家産制権力として，どれも荘園の知行（ちぎょう）体系を有して国土を分割していた。こうして「権門体制においては，国家権力機構の主要な部分は諸々の権門に分掌されていた」というのが黒田の前提である。その上で，「しかしそのほかにどの権門にも従属しきらない国家独自の部面」があり，このいわば「超権門」的な虚空間というべき場に王権が巣くうというのが黒田の図式である。つまり「権門体制論」は，実は，国家を職能論的に分割して，王権の基礎としての超権門領域を析出することこそが最初からの目的であった。天皇制の「不執政・徳治・神話」などは，この虚空間から生み出される様々な意匠として説明されるのである。

　黒田は，これにもとづいて顕密（けんみつ）体制論といわれる中世仏教論を体系化した（『著作集』2）。それは最澄の教学に由来する顕教（比叡山）と空海の事行を中心とする密教（高野山）を両翼にもつ「顕密」の体制という議論であるが，黒田はその職能的な役割が「鎮護国家」であることを確認しつつ，その中で神道が実際上は教義的にも社会経済的にも顕密の仏教によって支えられている様相を明らかにした。顕密の寺家の職掌は虚空間の神秘の周囲に存在する神道を荘厳（しょうごん）することにあったというのである。

　また，黒田は，権門勢家の諸職能はそれに照応する職業の人びとを民間に組織していったという身分論を展開した。その主論文の「中世の身分制と卑賤観念」は著作集の第6巻におさめられているが，黒田が強調するのは，それらの身分制には深く世襲と浄穢（じょうえ）の観念が浸透しているということである。黒田によれば，ここにあるのはインドのカーストに似た関係であり，仏教用語でいえば「種姓（しゅせい）」にあたる。権門体制は，この「種姓身分」制によって，その中心に存在する超空間の清浄を確保したということになる。

こうして権門体制と顕密体制は神道と清浄のシステムを作り出すことによって完成した。中世においては「日本国全体をまとめた一個の国家」「幕府をこえた（朝廷と公家をふくむ―筆者注）大きな国家秩序」が厳然と存在し，その下に，カースト制的な浄穢の観念に染め上げられた階層的な「種姓」身分制が組織されているというのである。

権門体制論の問題点

以上のように権門体制論は，一見したところではきわめて体系的な構造論になっている。しかし，私は，黒田の議論の出発点にはボタンの懸け違いがあると思う。そもそも，黒田は，「権門勢家」という用語を「権勢ある貴族が政治的・社会的に特権を誇示している状態を指す語」とまとめて理解する。しかし実は，「権門」と「勢家」には重要な区別がある。つまり，本ガイド第3部の成沢『政治のことば』の項で紹介したように，「権」には「斤」「ハカリゴト」という意味がある。権門とは，本来，国家の「謀（はかりごと）」，国家意思を主導する支配的な王族・貴族をいうのである。ところが黒田は権門を勢家（有力な家）と等置し，荘園を所有する私的な門閥組織であると説明してしまう。黒田の国家論には，国家意思の形成過程論がない。こういう現実の国家権力の分析を制度的な職掌によって分解することから始めてしまうというのは安易な方法である。黒田の貴族論は，複雑な階級的な結集や従属関係の中にいる貴族を，職能という側面から図式的に裁断しすぎる。この点については永原慶二「中世国家史の一問題」（『永原慶二著作選集』7，吉川弘文館）の厳しい批判がいまだに有効である（保立『中世の国土高権と天皇・武家』も参照されたい）。

これは，黒田の貴族範疇（＝権門）が荘園を支配するというだけで，その居住と領主制のあり方が顧慮されないことに関わってくる。黒田の議論では，権力の地域的な基盤は国家と国家意思に何の影響もあた

えないかのようである。つまり鎌倉時代をとれば，武家は鎌倉を根拠とし，公家の中枢が京都に位置する。そもそも鎌倉権力は1180年代内乱（源平合戦）から後鳥羽クーデターへの反撃（「承久の乱」）にかけて西国国家に侵入し，それを支配した。東国の御家人たちが大規模に西国に移住・侵入していったこともよく知られている。鎌倉時代の東国には公権力が存在し，小国家・半国家としてむしろ西国国家を支配したのである。「日本国」が，このような西国と東国の矛盾をもち，広域権力が複合する構造をもっていたことを無視していては，国家論の構築は不可能であろう。

黒田の学説の凄さ

さて，黒田説には，細かく論じれば，さらに多くの論理的な問題があるが，しかし，歴史学は論理ではない。黒田の歴史史料，とくに宗教史料についての直覚と解析の力量は抜群のもので，権門体制論の形式性にもかかわらず，史料の重層を断ち割って深部の実態を明らかにする黒田の剛腕は，顕密体制論，種姓身分論などの達成をもたらした。とくに，この国の歴史にカーストの範疇を持ち込んだことは，石母田正・網野善彦・大山喬平などが挑み続けた問題であって，そこで黒田がもっとも深いところにまで立ち入ったことは歴史学者はみな認めるところである（参照，大山喬平『ゆるやかなカースト社会・中世日本』校倉書房，2003年）。

なお，黒田説の歴史学にとっての重大性は，徳川時代の「朝幕関係」を論じた宮地正人の『天皇制の政治史的研究』（校倉書房，1981年）にも明瞭である。宮地は，黒田とほとんど同じ現代天皇制についての課題意識から出発し，次のようにのべる。「徳川時代の公儀権力は，朝幕が一体となった構造をもつ。その一体性は，天皇による将軍職補任という形式をとるが，その前提には武士集団の中心となる棟梁

的な門閥組織，黒田的にいえば「権門」が存在する。そして朝幕関係の周囲には国制的な儀礼と法意識が組織されるが，日本というまとまりの意識が朝廷の存在を不可欠のものとして現れる中で，学芸や諸職の組織を公的に統属させるシステムが広がっていく」（趣意要約）。宮地説は黒田説に酷似しており，宮地説が徳川国家論において通説の位置をしめる以上，このことは，黒田説の道具立てが前近代国家史の全体の脈絡のなかで有効に働くことを示している。

これは奇妙なことのようにみえるかもしれないが，おそらくこれは黒田権門体制論の「中世国家論」としての無謬性を示すものではなく，ぎゃくに黒田の描き出した公的階層的で稠密な社会組織のあり方は，むしろ徳川幕藩体制にこそ適合するということを示しているように思う。幕藩体制においては兵農分離という条件の下で支配層は巨大都市（都城）に集住し，列島社会は職能を中心に階層的に組織される。カーストというものをどう理解するかは，ここでふれることはできないが，ともかくここには列島社会の東アジア文明への一体化，いわばその中国化が考えられるのである。

黒田俊雄（くろだ・としお，1926-1993）

　京都大学文学部卒業。大阪大学名誉教授。権門体制論は1963年の論文「中世の国家と天皇」（岩波講座『日本歴史中世2』）で発表され，学界に大きな影響を与えた。『黒田俊雄著作集』は全8巻。

網野善彦

『日本中世に何が起きたか　都市と宗教と「資本主義」』

日本エディタースクール出版部，1997年／洋泉社MC新書，2006年
―― 網野史学の全体像 ――

網野の所有論――「無縁」

　本書は，網野善彦の歴史学の全体像を知るのにもっとも適した本である。網野は，本書の「あとがき」で，21世紀の人類社会が成熟の道を歩むためには，人類社会の経験を総括する役割をもった歴史学の責任は重いとし，「十三世紀に（親鸞・日蓮など）すぐれた宗教家が輩出したように，いまこそ強靱な思想に裏づけられた傑出した歴史家が輩出しなければならない時代である」と述べている。私には，ここまでいう自信はないが，しかし，たしかに，現在，歴史家の果たすべき役割はきわめて大きい。

　この網野のメッセージは，人類史における「無縁」の原理というものについての歴史学的な追究を根拠としていた。それはまず，人間にとって自然は「無縁・無用」な存在であるという確認から始まる。私たちは，普通，人間と自然の関係について，どうしても「有縁・有用」な側面に注目しがちであるが，網野は，そうではなく，むしろこの自然の「無縁・無用」な性格が人間にとってきわめて重大な意味をもっているとする。人間は自然を所有・支配するのみでなく，動物として自然の一部である。だから，自己をそのようなものとして相対化し，無所有の自然が人間社会に影響している様子に目を注いで，社会

第4部　研究書の世界

	従属的（階級的）	自立的（勤労的）
集団所有	①集団支配	②共同性
	境界的所有（「庭」的所有，「無所有」） (1) 自然的テリトリー所有（山野河海） (2) 社会的テリトリー所有（市庭・縄張り）	
私的所有	③私的支配	④自由な個性

の歴史的な限界を超越することが重要だというのである。

　この網野の立論は，網野の漁村研究に根をおいている。「海」は「板子一枚下は地獄」ともいわれるように，無所有の自然が生活と労働の中に直接に影響する世界である。これが網野の「無縁」の原イメージであった。そして，この問題をつきつめる上で，網野が影響を受けたのが，原始社会論をデッサンしたことで有名なマルクスの「ヴェラ・ザスーリチへの手紙」の一節であった。漁業史研究とマルクス。この二つが，第二次大戦直後の激動期における網野の重い経験となっていたことは，ここで説明する必要はないだろう。学問は経験を越えるものだからである。

　さて，このような「無縁論」を述べた『無縁・公界・楽　日本中世の自由と平和』（平凡社，1978年）が，読書界に迎えられ，歴史学では普通考えられないようなベストセラーとなったのは網野にとっても意外なことであったらしい。しかし，たしかにこの本は，無所有の自然に対する畏敬の感覚・意識・宗教観念などを，「無縁」という語をキーワードにして，様々な史料の中から具体的に掘り起こすことに成功している。

　私なりに，網野の議論をまとめれば上図のような所有の図式となる。従来の議論は私的所有，集団所有，階級的所有，勤労的所有などの組み合わせで決定されていたが，それらはどれも社会の枠組をきめる構

造的な所有というべき関係である（これについて詳しくは，保立「網野善彦氏の無縁論と社会構成史研究」『中世の国土高権と天皇・武家』を参照）。それに対して，網野は，それらの構造的な所有の境界領域に存在する自然に対するテリトリー的な所有や社会における市場に対する縄張りなどに注目する。それらは，境界的所有というべき所有のあり方であるが，『無縁・公界・楽』には，ともかくも史料にもとづいて，社会の内側に存在する「無縁の境界領域」の姿をつかみとったという網野の興奮があらわである。

　そして本書『日本中世に何が起きたか』は，『無縁・公界・楽』の続編ともいえるもので，晩年の網野の志向が示されている。ここで目立つのは，第一に『無縁・公界・楽』がいまだに残していた「原始社会－奴隷制社会－封建農奴社会－資本主義社会」という社会構成の変化についての，いわゆるロシア・マルクス主義に一般的であったスターリン図式が放棄されたことであろう。そこで決定的であったのは，これまで歴史学界をこえた一種の社会常識であった「徳川時代以前の日本は封建制であった」という「理解」を一つの思い込みに過ぎないものと切り捨てたことである。結論にいたる筋道は違うとはいえ，ほぼ同時期に，同じ理解をするようになっていた私にとっては，これが網野との理論的な親近性を実感した最初だった。

資本主義と無縁

　そして，第二は，より衝撃的なもので，それは「無縁」の原理の中に商品の交換あるいは「資本主義」そのものが表現されているという視野であった。これはすでに『無縁・公界・楽』でも指摘されてはいたが，網野はこの論点を本書で全面展開している。つまり市庭は世俗との縁の切れた「無縁」の場であり，それは「神仏」の世界に近接した聖なる場であるということもできるが，人は自らの生産物をそうし

た人の力をこえた場—市庭に投げ込むことによって，それを「商品」とする。そしてその価値を表示する「貨幣」は，神仏に捧げられ，世俗の人間関係から完全に切れた「無縁」の極地とでもいうべき「物品」となったという。

　これは商品論としても説得的なものであって，商品の使用価値を支えるのは物の有用性であるが，物が外的なものとなり，交換者が「相互に他人である関係」となるためには物の余剰・無用性が必須であるという経済学の考え方に通ずるものであろう。網野は，これを基礎とする「資本主義」化が，日本社会においても，14世紀以降に進展しているとした。それは宮崎市定の中国の宋代以降は「近世」であるという議論や，ブローデルのいう資本主義形成期としての「長い16世紀」という議論に関連するもので，この時代の世界の経済的変動の理解に結びついていく。つまり，『資本論』のいう資本の原始蓄積の時代としての16世紀の世界経済の波動は，すでに遠い世界のことではなかった。ヨーロッパがメキシコ銀と日本銀の動きをバネとして，環太平洋の富を収奪する時代を開始するという地球規模の巨大な動きに，日本の「近世化」の動きも連続していったのである。

　さて，以上のようにいうと，網野の歴史学は抽象的な理論の枠組みに貫かれているように感じられるかもしれない。しかし，それは誤解であって，網野の仕事が歴史学に大きな影響をもったのは，史料から描きだされた歴史像そのものが新しい視野をひらいたからである。とくに網野は，「無縁の世界」で活動する「非農業民・商工民」の世界に注目し，『日本中世の非農業民と天皇』（岩波書店，1984年）をはじめとする膨大な仕事によって，その世界を生き生きと描き出すことに成功した。本書におさめられた論文「中世の商業と金融　資本主義の源流」は，商業と金融という非農業経済の中枢部を，農山漁村の世界との交流の側面から詳述しており，やはり網野の議論のまとめという

印象のするものである。この分野の研究に進もうとする場合は必読の文献であろう。

網野の宗教論と「神道」

本書巻末の論文「宗教と経済活動の関係」は網野の無縁論の総括的論文ともいわれる。これは，商品の成立はある種の聖性＝無縁性によって媒介されるという，前述の議論をベースにもっているが，考察は鎌倉仏教から浄土真宗の位置にまで及んでいる。さらに本書は「中世における聖と賤の関係について」「中世における悪の意味について」など網野の宗教論に関係の深い二つの講演記録，さらに時宗の祖・一遍についての二つの小論を含んでおり，これらは網野の著作集にも収められておらず，本書は網野の宗教論を追跡しようとする場合にも必須のものとなる。

網野の宗教論は，「人間の力を超えた自然の力について，われわれが認識を深めることと，宗教の問題は深い関わりがあると思います」という見地から展開されているが，網野は，この論点を十分に展開する前に世を去り，この問題のパースペクティヴがどのようなものとなるかは未知の部分が残っている。私はそのうちでも最大の問題は，神祇（じんぎ）・神道の歴史学的な評価であると思う。本書では，網野は，「日本の社会に宗教がない」という常識的な見解も述べていて，神道についての分析視座を提案することはしていないが，私は，おそらくこの分野の研究を抜本的に強化することなしには網野の問題提起を受け止めることはできないと考えている。親鸞のいわゆる「神祇不拝」問題とそれに関わる鎌倉仏教評価の問題についても，神祇それ自体の再検討が必要なことは明らかなのである。

さて，いま改めて宗教論にまで立ち戻って，無縁の力をもった自然のことを考えざるをえない理由は，2011年3月11日の東日本地震が，

地震による福島第一原発の爆発をともなう原発震災となったことにある。この事態の本質は，同年8月，福島県二本松市のゴルフ場が東京電力に対して放射能の除染を求めた訴訟に対して，東電側が「放射性物質は，そもそも無主物である」として拒否したことに象徴されている。この「無主・無縁」の自然は，前近代の「無縁」と本質的には同一の側面をもつとしても，はるかに奇怪で危険な要素を含んでいることはいうまでもない。日本社会は，これまで経験したことのない時空に入ろうとしているのであって，この時にあたって，たしかに，網野のいうように，この列島社会における歴史的な自然と社会の関わり方を振り返っておくべき必要は高いのである。

網野善彦（あみの・よしひこ，1928-2004）
　東京大学文学部国史学科卒業後，日本常民文化研究所研究員，高校教員などを経て，名古屋大学，神奈川大学で教鞭をとる。その独自の語り口は，歴史学の枠組みを越えて広範な読者を獲得した。主要な著作は『網野善彦著作集』（全18巻＋別巻，岩波書店）に収録されている。なお，近年，保立も座談会に参加した『現代思想臨時増刊　網野善彦』（青土社，2015年2月），『網野善彦対談集』（全5巻，岩波書店，2015年）も出版された。

朝尾直弘

『将軍権力の創出』

岩波書店，1994 年／『朝尾直弘著作集』3 巻，岩波書店，2004 年
——兵農分離にもとづく近世——

　本書を読むには，まず補論「天正十二年の羽柴秀吉検地」から読むのがいい。天正 12 年（1584）というのは，本能寺の変の翌々年であるが，この検地の目的は武士の家来（給人＝「兵」）が村人の土地と個別に関係することの禁止にあった。そして「兵」の土地からの分離のためには，まず村自身が年貢の収納に責任をとり，政権の側にも年貢を集中的に管理して給人に配分するシステムが必要になる。
　さらには田畠の面積・等級・年貢額などを統一的に計算するための度量衡の変更が強行される。従来は地域や領主のみでなく収升と払升でも異なっていた升の大きさを統一し，一反を 360 歩ではなく，計算しやすい 300 歩にあらため，大・小などの面積表示もなくして合理的な反・畝・歩制に変更する作業である。秀吉が「損益に暁く侍る君」（計数に強い主君）といわれていたことは，これに無関係ではないということになる。

兵農分離と「小領主」

　有名な安良城盛昭の学説は，太閤検地は「小農民保護」を実現した進歩的な変革であって，それまでの「奴隷制社会」を「封建制」に切り替えたとしたものである。朝尾は，この学説を正面から検討してい

第4部　研究書の世界

る訳ではないが，しかし，上のような即物的な説明によって，違和感をあらわした。「小農民保護」というのは原因ではなく，「兵」の分離という過程の結果の現象的な説明にすぎないのではないかというのである。

さて，このような「兵」の村落からの社会的分離＝「兵農分離」を村落史の問題としてどう考えるかが，朝尾の研究の出発点であった。朝尾は，この社会変化の原動力を惣村の上層にいた「小領主」の多様な動きに求めた。つまり，小領主は一方で幕藩領主に成り上がっていくが，他方では商人となったり，精農として村にとどまるなど，自己否定の道をたどる。このなかで本来は同族団を形成していた小領主は社会的に分解していくというのである（『著作集』1）。

この「小領主」というのは，領主の階層構成を分析したうえでの用語ではなく，朝尾自身が認めるように経過的な用語である。むしろ本ガイド第5部でふれる峰岸純夫のいう「地主」の方がわかりやすい。中世の側からいえば，応仁の乱前後の社会の瓦解の中で，鎌倉時代以来の武家貴族の家柄が没落し，郡・庄レヴェルに基礎をおく地域領主層が覇権を握り，新たな広域支配を展開した。このように領主階級の構成が大きく組み替えられるなかで，「領主と地主の体制的分離」が進行したという峰岸の用語の方が理解しやすい。

もちろん，朝尾が「小領主」の上昇に兵農分離の原動力・主体を求めたことには正しい側面があった。つまり「小領主」のなかには村の武力・暴力をになう「兵」の動きが混在しており，彼らは戦国時代に決定的な役割を果たした。とはいえ，朝尾が「統一権力を創出した主体は豊臣秀吉の例に代表されるごとく名主・在地土豪なのであり」とまで述べたことには，統一権力の形成を「進歩」と評価した安良城の見解の残滓がある。たしかに秀吉は極めて低い身分であったが，その成り上がりは，戦国大名として出発した織田信長が勝利するなかで，

その家臣集団が覇権を握ったという単純な事実を表現するにすぎない。

朝尾政治史の画期性

朝尾の見解がすぐれていたのは、この種の経過的な図式ではなく、岩波講座『日本歴史』に雄編「豊臣政権論」（本書第二論文）を執筆して、戦国から徳川時代への政治史をふくめた、時代の移行論をはじめて構築したことにあった。この講座は、1960年代の始め、戦後派歴史学が本格的な実証の時代に突入したことを象徴する講座であったが、そこで朝尾は、（イ）地域の同族組織からの「兵」の分離による常備軍の創出、（ロ）金銀の備蓄と貨幣商業資本を動かす軍事経済の組織、（ハ）すべてを全国的な戦闘組織に動員する武篇道の強調などの諸点を史料にもとづいて描きだした。このような集権体制＝「公儀」権力の構築は、秀吉の吏僚代官と大名の両者によって推進されたが、その両者のあいだでの矛盾をベースとした利休や秀次の死などの惨酷な政治史の概略を描くことにも成功している。こうして、「兵」は、そのような「全国的な戦闘」＝「日本のつきあい」のために、いつでも移動可能な「鉢植え」の「兵」となり、武士たちと知行地との個別的で人格的な関係を相互の競争のなかで断ち切りあったのである。

この知行システムのなかで、すべての土地がいったんは秀吉の蔵入地、軍事的所有の下におかれることになる。私なりに敷衍していえば、そこでは奈良時代以来、天皇制的な表現をとっていた国土高権が直接に武家の国家所有の体系に接続したということになる。これは、ようするに日本国家も、中華帝国の国家所有のあり方と相似する特徴をもちはじめたということである。つまり、朝尾は、本書の主論文「将軍権力の創出」において、信長の将軍権力は一向一揆に現れた「百姓の運動」の強力な影響力に対峙するところから生まれたと論じた。よく知られているように、中華帝国の国家システムは、たびたびの全般的

な反乱，宗教的な色彩をもった農民戦争，地方反乱に対峙することによって鍛え上げられてきたものである。応仁の乱以来の社会秩序の瓦解と百姓の抵抗運動のなかで，日本国家も同じ運命につきあたったのである。

朝尾は，畿内とその近国に広域的に形成された一向一揆の法王国の基礎には「諸国の百姓みな主をもたじ々々とするもの多くあり」という百姓層の動きがあったと論ずる。そして，有名な「(越前)府中町は死がいばかりにて一円あき所なく候」という信長書状の一節が示すように，信長権力の本質はそれを押し潰したことにあった。これについて，朝尾は，「日本の歴史上，百姓というものが万単位の人数で殺害されたのは十六世紀末〜十七世紀初の五十年間に集中しております。兵農分離にもとづく近世の社会とは，いわば百姓の血の海から生まれてきたといっても過言ではない」という印象的な記述を残している（「兵農分離と戦後の近世史研究」，『著作集』7）。この経験を前提にして「兵」と「農」という明瞭に区別された階級が全国的な規模で対峙するにいたったというのが朝尾の考え方である。この「兵農分離」においては，一方で強力な武力と流血の記憶を前提としながら，他方で一種の階級間の均衡と「平和」に関する暗黙の了解・契約が成立しているという二重性の指摘は，藤木久志の研究に刺激されながら作り出したもので，今にいたるも徳川社会論の最大の前提であるといってよい。

朝尾の都市論と「幕藩制都城（とじょう）」

さて，以上が本書の主要な内容であるが，朝尾は本書刊行の後，「兵農分離」に対応する都市論について集中して取り組んだ。その業績は先駆者にふさわしい大きな見通しをもっていたが，出発点は例によって手堅いもので，信長と秀吉が京都の町組の基礎単位をなす個別の「町」の共同体を直接に支配し，町地に対する検地・町割などによ

って都市を商工業の職種ごとに整理していったことの確認からはじまった（『著作集』6）。そこでは京都の碁盤目状街区に「突抜（つきぬけ）」という南北の小路を通すことによって短冊（たんざく）状街区が作り出され，町の裏手の畠地などをなくして，新たな町通りを作り，それによって膨大な人口が吸引された。戦国時代の城下町に萌芽がないわけではないが，こうして徳川期に形成された城館と町場を直接に結合した都市空間の巨大さはまったく新しいレヴェルのもので，こうして「都市は公儀集団となった領主の支配拠点」となったということになる。朝尾は，これこそが「兵農分離」に対応する都市と農村の完全な分離であると論定したのである。朝尾の徳川社会論は，きわめて体系的に組み立てられているということができる。

　ただ，中世から考えると，朝尾の議論には不整合なところも多い。まず都市論からいえば，朝尾の議論には鎌倉時代から存在した領主制的な都市，地方領主の館の近辺に設定された市町の位置づけがない（参照，保立「町の中世的展開と支配」『日本都市史入門2』東京大学出版会，1990年）。これは朝尾の議論には，応仁の乱以前の貴族領主の位置づけや，その前後における領主階級の全体的再編が問題とされないことに対応している。もちろん，その代わりに朝尾は，「惣村」の中から近世の「町」と「村」が同時的に形成されていく過程を描くのであるが，これは共同体の変化から問題を説き起こすという点では重要なものであるとはいえ，それは地域の経済過程の全貌を描き出すレヴェルにはいっていない。そこでは地域社会における分業の展開度の評価が低く，あたかも，戦国期における惣村の分解を経て，幕藩制都市の段階になってはじめて都市と農村の対立が成立したかのような捉え方になっている。

　しかし，幕藩制都市は，朝尾自身が明らかにしたように，軍事的な性格につらぬかれた巨大な都市システムであって，これは都市と農村

の分離それ自体とイコールではない。私見では江戸・大阪・京都の三都や主要な城下町は，列島の歴史上においてはじめて本格的に実現した中国的な巨大都市，都城というべきものであると思う。幕藩制国家が中国的な国家システムに接近したということは前述の通りであるが，その国家的所有のシステムは，大小の都城とその都市間・地域間関係を国家機構の基盤とするものであったということができる。それは「封建制」であるどころか，明らかに都市優位の社会構造をもっており，いわば幕藩都城的な国家所有を構成軸とする社会であったといわなければならない。

　近年の朝尾は，徳川社会は，それが「封建制」というにふさわしいかどうかもふくめて，原点から捉えなおす必要があるとするようになった。問題を共有するためには，朝尾が深い疑問をいだいた安良城盛昭の学説の再検討や，さらに峰岸・藤木（および佐々木潤之介）などの議論との十分な突き合わせがどうしても必要となるであろう。なお，朝尾には『天下一統』（『大系日本の歴史8』小学館，1988年）などの普及書で全体像を描く試みがあり，その闊達な叙述を楽しむことができるのも魅力である。

朝尾直弘（あさお・なおひろ，1931- ）
　京都大学大学院文学研究科国史学専攻修了。京都大学名誉教授。主要な著作は著作集全8巻（岩波書店）に収録されている。

安田浩

『天皇の政治史　睦仁・嘉仁・裕仁の時代』

青木書店，1998年

——三代を通してみる天皇制——

　日本の天皇家は20世紀をこえて珍しく残存した王家の一つであるが，憲法第1条が規定するように，その地位は，主権者としての国民の総意に依存するものである。そして憲法の規定では，実際のところ，天皇は内閣の通告のもとに10項目の国事行為のみを行う国家の儀礼要員である。ここに現憲法の天皇規定の最大の特徴がある。
　つまり現在の天皇は厳密にいえば，「王」ではあっても「王権」はもたず，「君」ではあっても君「主」ではない。天皇に残っているのは，その王としての身分のみである。その身分は「法の下の平等，貴族制度，身分または門地による差別の禁止」（14条）の唯一の例外的存在として，宮内庁などの儀礼部局や特権的な財産などによって支えられている。しかし，歴史学にとっては，その身分が，そこに付着する歴史文化によってできあがっていることが大事だろう。過去の王についての記憶，歴史文化と歴史意識が現在の王を支えているのである。

明治・大正・昭和——三代の天皇

　最近の歴史学は，このような現代天皇制のあり方を前にして王権論を組み直す努力を重ねてきた。安田浩の本書は，その動きを代表する位置にある。対象は，明治・大正・昭和の三代の天皇。安田は，彼ら

第4部　研究書の世界　　　　　　　　　　149

の言動を詳細に追跡しており、このような通史的な分析の試みは現在でも本書のほかにはない。

　まず明治天皇については、明治維新のとき17歳であった青年が、君主として作られていく経過が語られる。西郷・岩倉らの維新首脳部の感化と演出によって、洋風の扮装の下に政務に取り組みつつ、祖霊と神慮を信じる王者となっていく様相が興味深い。彼はそのような王として、欧州から帰国した岩倉使節団と留守政府のあいだでの不調和、政変のなかで、それなりの聖断の役割を果たし始め、有名な儒学者、元田永孚(もとだながさね)などの側近をえて政治主体としても自立していく。

　明治憲法は天皇大権と国務大臣による多元的な輔弼(ほひつ)を規定するだけで、政府・行政・内閣についての規定を一切もたない異様に短文の憲法である。そこまで削りこんだ意図と経過が、維新首脳の内紛への天皇の介入と伊藤博文の役割を焦点にして解明されている。憲法公布から日清戦争をへて天皇大権が議会を通じて作動するシステムが形成され、軍隊権威と国家神道の確立をともなって専制君主制が成立する過程の記述もわかりやすい。

　大正天皇の心身は不調であったが、逆に明治憲法を前提として君主のあるべき姿が強調され、枢密院(すうみついん)の強化などの王権の構造強化が起きる。心身不調の王の時代に王権が強化されるのは、日本でも実は平安時代の昔から珍しいことではない。原敬内閣も君主不調のなかでの元老と議会の状況的統合という本質をもっていたのであって、いわゆる「政党内閣」の時期にも天皇親政は名目的な外見ではなく、実際には天皇制機構は強固であったという。

　こうして天皇大権は、多様な形態を取りながらも一貫して強化され、その上に昭和天皇が行動する。安田の記述で印象的なのは、まず満州事変における関東軍の行動の追認の素早さであろう。英米との合意によるアジア分割を一貫して重視する天皇とその周辺の姿勢は、中国の

抵抗力への蔑視ともいえる過小評価と表裏の関係にあったことがよくわかる。また，天皇の君主としてのプライドが御前会議への執着となり，それが結局内閣制を破綻させ，大本営政府連絡会議に権力中心が移動し，大元帥(だいげんすい)天皇が打ち出されるという筋道の描写も見事である。

　明治憲法成立前後に専制君主制が確立した以上，政治史の主語が天皇であるのは当然のことであるが，これが本書以前には明瞭でなかった。私もほぼ同時期に『平安王朝』(1996年)という岩波新書で同じ問題意識にたって王権の通史を叙述したが，安田は現代史家として，三代の天皇の言動を論理的に見通すことは，たとえば昭和天皇の戦争責任を論ずるためにも必須なことを痛感していたに相違ない。

丸山真男のシェーマを超えて

　私のような前近代の研究者からみて興味深いのは，国家中枢部のやりとりが「謀議，輔弼，元老は関白」などの古代以来の政治語彙に満ちていることである。これは安田が基軸史料を丁寧に引用しながら論じているためわかるのであるが，これらの語彙を体系的に読み込んでいけば，さらに明瞭な王権身分論も可能になるのではないかと感じる。

　つまり，安田は天皇の行動形態を受動的君主，能動的君主，委任君主，統帥権の天皇など々々と分類することによって，君主の多様な行動を跡づけていく。それは当初作業としては不可欠であろうが，多様な君主の言動が一つの人格において可視的となっていることこそが王権の構造であろう。実際，君主の受動性には，つねに「よきに計らえ，下手をやれば俺は知らん，叱責するぞ」という能動的要素が含まれるのであって，安田が近代天皇の行動様式を基本的には「受動的君主」であり，状況におうじて「能動的君主」となるとするのはやや形式的に過ぎる。君主身分は国家機構の人格的反映として君主の主観を離れた客観的な存在である以上，政治責任はそのレヴェルで問われるべき

ものであろう。
　これは君主の多様な諸側面に対する多元的輔弼なるものの理解にも関わってくる。つまり、一般に制度的に整えられた君主制、とくに立憲君主制においては、憲法が君主権限を制約する代わりに君主権は無答責原則によって守られる。安田もいうように、そこでは、君主の無答責と輔弼者の責任の限定化によって政治決定が無責任のヴェールのなかにおかれる。いうまでもなく、この「無責任」という問題は丸山真男が述べたシェーマであるが、しかし、安田こそが、この無責任体制の政治的創出という事実、そしてその本質が君主の擁護と責任の回避のための意識的な政治にあることをはじめて体系的に論証したというべきであろう。これによって法的な無答責というのは本質的にフィクションであることが明らかとなった。非人道的行為などの歴史的責任、行為責任は絶対的なものであって、それを明示することこそが歴史学その他の学術の役割であることはいうまでもない。
　また、そもそも日本近代の専制的な天皇制は立憲君主制と比べて特殊に歴史的・日本的なものであって、天皇大権の下に、国家権力の枢密部の巨大な領域が独立して憲法規定の外側に存在する。明治憲法は、実際には近代憲法ともいえないような特異な構造をもち、しかも天皇の告文などが明示するように神権制によって支えられていた。丸山の議論は結局、印象批評に堕している部分があり、このような構造の創出を歴史具体的に明らかにすることこそが学術的な課題であるといわねばならない。
　明治天皇は個人では統御できないような巨大な非法的部分を君主身分において統合することを自身の制度身分として選択し、昭和天皇はそれをファナティックな神権的軍事支配という巨大な非法領域にまで拡大した。彼らは広大な法外領域＝「密室」のなかに設置したさらなる「密室」をその身分生活としていた。この二重の「密室性」は一般

の国家秘密と本質的に異なるものであって，王とは最高の身分的な生活様式である以上，そこには王家に骨絡みの責任が宿る。

絶対主義範疇の放棄は必要か

安田は2011年に死去してしまったが，本書を実証編とすれば，その死去直前に校正を終えた『近代天皇制国家の歴史的位置』（大月書店，2011年）は理論編というべきものであって，二冊あわせて検討しなければならない。そしてその焦点は，後者で，安田が近代天皇制に対する「絶対主義規定」を放棄する立場を明らかにしたことにある。

私は，この点には賛成できない。私は大学院に進学しようとしたとき以来，なんども著者に会い，一緒に仕事もしたが，結局，研究内容に立ち入った議論をすることもなくすぎた。それにもかかわらず，議論のできない今になって意見をいうことは申し訳ないように思うが，しかし，学問は永遠のものであることに免じて御許し願いたいと思う。

もちろん，安田が資本主義に変容していく最末期の封建社会の権力を絶対主義と規定し，日清戦争の後のいわゆる戦後経営をへて，日本資本主義が確立して以降も，その権力の本質は封建制にあるという議論，戦前の「日本資本主義論争」における講座派の絶対主義論にそのまま従えないのは当然であろう。安田のいうように近代天皇制は，まずは20世紀に登場した後発資本主義国の権威主義秩序の初例の一つであることは明らかである。また，講座派が，絶対主義の社会的基盤を，もっぱら封建制あるいは半封建的な寄生地主制におくことを批判することも賛成である。『近代天皇制国家の歴史的位置』の第四論文は，近代天皇制に対応する基礎的社会関係は，財界を別とすれば，むしろ中小地主を名望家として重層的に組織する地主国家的関係にあり，この擬似共同体的な名望秩序を「帝国議会」によって動員するシステムこそが重要だとしており，これは学界の強い支持をうけている。

私は，これらの点に批判がある訳ではない。しかし，前項で朝尾直弘の著書にふれて述べたように，そもそも徳川幕藩制を封建制とは考えない立場からすると，絶対主義という範疇は封建制論という呪縛から切り離した上で，なお活かす余地があると思う。近代天皇制が立憲君主制というべきものではなく専制君主制であることは，最晩年の安田がむしろ積極的に強調したところである。そして絶対君主も専制君主も英語にすれば同じように Absolute Monarchy なのである。

　そもそも講座派は天皇制をドイツのカイザートゥム，ロシアのツァーリズムとの比較のなかで論じようとした。絶対主義を封建制の最終段階と固定的に捉える考え方は別として，この問題設定の正統性は承認すべきであろう。安田のいうように，日本の近代天皇制が後発資本主義国の権威主義秩序の一類型であることは疑えないが，問題は，このような国際比較をふくめて，日本天皇制の歴史的な特殊性をどう考えるかにこそあるはずである。それは大石嘉一郎がいうように，「近代絶対主義」というほかないものであると思う（大石『日本資本主義史論』東京大学出版会，1999年）。

　私は，世界の資本主義化のなかで，ロシア・ドイツそして日本のように「帝国」としての伝統をもつ諸国家が，資本主義的な社会変化をも条件としてその国家システムと君主制を強化し，資本主義的帝国を構築していった場合，古典的な定式化を尊重して，それを絶対主義と呼び続けたい。

安田浩（やすだ・ひろし，1947-2011）
　三重県生。東京教育大学文学研究科日本史学専攻博士課程修了。千葉大学文学部教授を務めた。現代史研究における理論派を代表する一人。著書に，『大正デモクラシー史論』（校倉書房，1994年）など。

吉見義明

『草の根のファシズム　日本民衆の戦争体験』

東京大学出版会，1987 年

——従軍・戦闘回想記録の精細な読み込み——

「昭和史」論争と本書の意味

　アジア太平洋戦争ののち，だいたい 30 年が経過した 1970 年代，多数の従軍・戦闘体験の記録が刊行され始めた。本書は，それらを戦争の時代状況のなかで丁寧に読みとき，戦争体験のもつ意味を構造的に論じている。

　この国の歴史学にとって重大なのは，本書が「昭和史論争」といわれた歴史認識論争に対する回答となっていることである。この論争のきっかけは，アジア太平洋戦争の時代を描いた通史，『昭和史』（岩波新書，1955 年）がベストセラーとなったことであった。戦争中も反戦の姿勢を維持していた遠山茂樹が中心となった叙述には相当の迫力があり，『昭和史』は人々が自己の戦争体験を内省する「よすが」として大きな役割を発揮したのである。

　とはいえ，研究段階の限界もあって，『昭和史』は政治史などの「骨組み」を中心とし，積極的に民衆の意識状況に踏み込むことはできなかった。これが「人間が描けていない」という，やや「ないものねだり」な批判を招いたのである。これらの批判には，亀井勝一郎の，歴史教育の目的は（国や共同体のための）「自己放棄」であるというような，どうかと思うものもあったが，『昭和史』の執筆者は誠実な姿

勢をとって，叙述を全面的に練り直し，『昭和史（新版）』（1959年）を刊行した。今，この経過を見直してみると見事なものだと思う。

しかし，それでも『昭和史（新版）』にはさまざまな限界があった。それを明瞭に示したのは松沢弘陽の懇切な批判であって，松沢は「新版」がなお抱えている欠陥として（1）多様に分化している民衆の存在を「国民という単一の概念」でくくったこと，（2）国民の絶対多数が積極的に戦争協力の道を歩んだことの内因分析が弱いこと，（3）被害体験にくらべて加害の歴史が描かれていないことなどを指摘した。これがその後の現代史研究の最大のテーマとなった事情については，大門正克編『昭和史論争を問う』（日本経済評論社，2006年）が，松沢論文などの関係文献を収録しつつ，詳細にあとづけている。

この松沢の指摘に対して，冒頭にふれた多数の従軍・戦闘回想記録の精細な読み込みによって，初めて真っ正面から答えたのが，吉見の本書であった。つまり，吉見は（1）戦争体験にかかわる民衆内部のエスニックな差別・分裂の様相を論じ，（2）「満州」や「南洋」に対して民衆が戦争利益を求め，実現し，そしてその欲望が潰える様相を描き，さらに（3）アジア・太平洋の民衆に対する利用・虐待・陵辱・殺害などの実態についても，その見取り図とでもいうべきものを描いたのである。これらが戦争体験記を書いた個人々々の「生」に対する周到な歴史理解を前提としていることは特筆されるだろう。

ファシズムと民衆の戦争体験

まず第1章「デモクラシーからファシズムへ」は，1931年の満州事変によって戦争の雰囲気が社会をおおうなかでも，1936年の2・26事件に対しては人々が強く反発したことを確認している。しかし，民衆は徐々に戦争の方向に流されていった。その根底にはアジアに対する優越的な「帝国」意識と，それと裏腹の関係にあった「天皇制自由

主義」というべき政治意識の色調があったことが，人々の手紙や日記などの一次史料によって明らかにされる。決定的な影響をあたえたのが，従軍者の中国での戦闘行為そのものであったという。出征者の戦死のみでなく，出征者の行った掠奪・陵辱・殺害行為への参加それ自体が，兵士の心を呪縛し，それが家族に及ぶ。こうして1940年ころまでに，数十万の兵士が帰還するなかで，人々は本気になって戦争を支えはじめた。

第2章「草の根のファシズム」は，これを前提として，天皇制ファシズムが確立する様子を論ずる。もちろん，それはストレートに進んだのではなく，1940年代初頭には，戦争経済によるインフレ・物不足に対する民衆の不満が深刻な社会不安を招いた。このときまことしやかに米騒動の再来が噂されたという。しかし，結局，「欲しがりません勝つまでは」という世論が形成され，それが新体制運動に流し込まれた。人々はむしろ「真面目に」状況を理解してしまい，地域社会の内部にファシズムに響き合う状況が作り出されていったのである。

このなかで植民地・占領地での生活，戦争状態の下での渡航と出征が一つの自然な風景となっていく。ここに「草の根のファシズム」と「戦場からのファシズム」とが相乗して強化しあうという天皇制ファシズムの「国際的」性格があった。しかも，この状況は，沖縄県人，アイヌ，ウィルタとチャモロ人，朝鮮人，台湾人などに対する，北東アジア全域におよぶ民族的差別によって支えられていたという。この部分の記述は衝撃的なものであり，是非，一読されるべきものだと思う。

第3章「アジアの戦争」は，「インドネシアの幻影」「ビルマの流星群」「フィリピンの山野で」「再び中国戦線にて」という構成で，各地の戦争の悲惨と悲哀にみちた風景が順次に描き出される。まず戦争の「南洋」への広がりが過不足なく概観されている。日本史の研究にとっては，どの時代においても日本を南からみる視点，島尾敏雄のいう

ヤポネシアの視点を確保しておくことはどうしても必要だろう。私が想起するのは、大学院時代の師の一人、ギリシャ史の大家・太田秀通先生がビルマで負傷されて片腕を切断されたことである。歴史学を学ぼうという方には、その負傷の経過を記した文章の入っている『歴史を学ぶ心』（青木文庫，2000 年）を是非御読みいただきたいと思う。「南方」における戦争は、人々に戦争の利益を夢みさせたが、日本兵の戦死の大多数は、この地域における戦争末期の餓死であったこともよく知られている（これについては藤原彰『餓死した英霊たち』青木書店，2001 年，を参照）。

　吉見は、それにつけ加えて、この地域における日本軍の敗走が壊滅的なものであっただけに、敗戦後の現地社会との関係も多様となり、痛切な経験と反省が日本人意識の根底に及んだことを論ずる。大岡昇平の『俘虜記』『レイテ戦記』などを読めばわかるように、そこでは「加害」経験と悲惨な結果の捉え直しが行われる場合があったのである。しかし、これと対比して、勢力圏として日本軍が死守の体制をとっていた中国においては、完全な敗北と潰走・自壊以前に降伏した場合が多かった。吉見は、それによって、東南アジアとは違って、「自衛・聖戦」の意識の枠組が最後まで崩壊することなく、そのまま戦後にもちこされることが比較的多かったという事実を摘出している。

　最終章「戦場からのデモクラシー」は、戦争体験がどのように戦後の民衆意識を規定したかという見通しのもとに、天皇制ファシズムへの民衆的な支持が「ひびわれる」様相が論じられる。アジア・太平洋における戦況が有利であるかのような誇大宣伝によって民衆的な支持を調達する仕組みは、サイパン島陥落以後、本土空襲のなかでまったく機能しなくなった。しかし、それにもかかわらず戦争の呪縛は強く、大多数の民衆の戦意は崩壊の一歩手前で持ちこたえたという。そのために人々は敗戦とともに呆然とする状況に追い込まれたのであるが、

しかし，人々の終戦体験は，実際には，「内地」と「外地」の相異，さらに戦闘経験や共犯責任の深浅，負傷や飢餓などの痛苦のあり方によってきわめて多様であった。

問題は，その空隙をぬって，人々が，アジアに対する優越意識，帝国意識は維持しながら，日本再建に貢献するという明るい気持ちに切り替えるという変わり身の早さをみせる場合が珍しくなかったことである。こうして，戦争体験の特徴に規定されるなかで，戦後民主主義が大きな限界をもっていたことが冷厳に指摘される。

しかし，他方で，吉見は，敗戦がたしかに「草の根のファシズム」からの離脱をもたらしたことも確認している。そこで大きかったのは，ともかく戦争は嫌だという「戦場からのデモクラシー」であって，それによって「戦場からのファシズム」に支えられた「草の根のファシズム」は駆逐されたという訳である。このような経過は，日本国憲法の示す「平和と民主主義」が単に一国に関わるものではなく，東アジア全域における戦争の惨禍によってあがなわれたものであったことを正確に示している。

天皇制ファシズムとは何か

最後に著者の天皇制ファシズム論を確認しておきたい。そもそもファシズムとは，暴力を中核にもって議会と法治主義それ自体を否定するデマゴーグ支配である。問題は，その支配が人間のもっとも野蛮で倒錯的な欲望を大衆的に組織することを鍵とし，その中枢には政治思想というよりも虚構に虚構を重ねる「神秘」と非合理の妄想世界があったことである。そこには強い偏見と排除の論理があり，しばしば身体的な差別や肉体的暴行への嗜癖，倒錯が巣くっていた。私見では，ファシズムは大衆をその明示的もしくは暗黙の共犯者として動員する体制なのである。しばしばナチスが「下からのファシズム」であるの

に対して，天皇制ファシズムは「上からのファシズム」であるなどと図式的に区別されることが多いが，両者は，この本質において共通する。

『草の根のファシズム』の示した天皇制ファシズムの特徴は，それが戦争先行形ファシズム，つまり戦争の加害経験を中核として形成されたファシズムであったということであろう。もちろん，ドイツの場合もファシズム伸張の条件として，第一次大戦における戦争暴力の経験と屈辱のコンプレクスが大きな意味をもっていたことはいうまでもないが，しかし，そもそも天皇制ファシズムを推し進めた主体の中枢は，軍部と在郷軍人会であったこともいうまでもない。その意味では日本ファシズムは，上からも下からも直接に戦争の色の濃い軍事的ファシズムだったのである。これが太平洋戦争が，ナチスをも超える様相をもって，国民全員を動員し，戦略戦術のない「無謀」なものとなった最大の原因である。

よく知られているように，吉見は，日本の戦争史料が湮滅・秘匿されている最悪の状況の下で，さらに粘り強く研究を進め，「慰安所」の設置・拡大と女性の強制的な性奴隷化の実態を史料によって明らかにした（『従軍慰安婦』岩波新書，1995年）。先のファシズムの定義からも明らかなように，そもそも「従軍」性奴隷は，けっして部分的な問題ではなく日本の戦争体制，ファシズム体制において本質的な問題である。著者は，その強靱な学術的論理によって，その中核を究明することに成功したのである。

吉見義明（よしみ・よしあき，1946- ）
東京大学大学院人文科学研究科国史学専攻博士課程中退，現在，中央大学商学部教授。他の著書に『焼跡からのデモクラシー　草の根の占領期体験』（上下，岩波書店，2014年）がある。

曽根ひろみ

『娼婦と近世社会』

吉川弘文館，2003 年

──売春社会の歴史的な根──

哀しいほどの安値

　買売春の研究は，女性史研究のなかで，大きく研究の進んだ分野である。その全体の状況は本書第 1 章「売春の歴史をめぐって」によって知ることができるが，とくに近年，本書や服藤早苗『古代中世の芸能と買売春』（明石書店，2012 年），小野沢あかね『近代日本社会と公娼制度』（吉川弘文館，2010 年）などの本格的な研究が出版され，買売春史の通史的な把握が可能になってきた。

　その歴史学研究にとっての意味は後にふれるとして，まず本書の概略を説明していくと，第 2 章「売女(ばいた)」では，「「客二つ潰して夜鷹三つ食い」の句にみられるごとく，二人の客をとっても一六文の夜なきそば三杯分にしか値しないような哀しいほどの安値でからだを売り，生命をつなぐ女たち」の実態がたどられる。史料にみえるのは女自身の夫，生活に崩れた男，そしてヤクザなどが，一人から数人の女を使う零細な売春である。これは非合法であるが，裏社会での奉公契約と意識される。それ故に，徳川期の奉公契約の一類型とみることもできるが，それは正確には「身売的奉公契約」であって，実態は奴婢（奴隷）所有，奴隷売買であるという。

　そして，これらの稼業としての売春の向こう側には，「自分に方々

遊女仕り，先々に泊り」身体を売る，ホームレス状態の女性たちがいる。彼女らは，しばしば梅毒に冒され，身体・容貌に変化を生じながらも，それを糊塗して自分で自分の身体を売ることによって生きぬいていく。このように，安価でむきだしの性の売買が多数行われることが，近世の売春構造の特徴であるというのが著者の結論である。

第3章は「近世の熊野比丘尼」。熊野比丘尼は女師匠を中心とした組織で，貧しい幼女を抱え集めて声芸を仕込み，説教芸を営む。彼女らは出張先で売色する場合も，道中では熊野比丘尼を象徴する白衣をきていた。彼女らは，売色の取締りがきつくなれば表向きの説教芸のなかに退却し，緩くなれば売色をかせいだという。もちろん，彼女らの説教芸はつねに売色に直結していたのではなく，出張して洗濯をする場合もあるが，彼女らの賃労働は多かれ少なかれ賎視されていた。

第4章「芸者」は，「遊芸を売る」芸者についての詳論である。これまでの遊郭論では遊女（「大夫」）を論じたものは数多いが，それより一級下の「芸者」については研究が少なかった。しかし，丹後宮津の城下町の外れにあった新地の遊郭の文書が新たに発見され，従来は売女と同じ身分を意味していると考えられていた「酌取女」が芸者であったことが明らかになった。

彼女らは短期間で親元に帰されたが，親元と記されているのはほとんど京都の花街などであって，彼女らは置屋から派遣されて宮津で抱えられた芸子・舞妓であったことがわかる。しかし，宮津の遊郭には，そのほかに，相対的に年令が上で地方農村に出身する「茶汲女」たちがいた。彼女らは売女的な女性たちであって，宴席で芸を披露する「酌取女」とのあいだには明瞭な身分差があった。「酌取女（＝芸者）」は，近世の遊郭に「文化的遊興・社交の場」としての粉飾をあたえる位置をもち，その意味では売春女性ではなかったが，しかし，その下には明瞭な売春構造があったということになる。

梅毒研究ワークショップに参加して

　次に第5章「近世の梅毒観」は，学際的な「梅毒研究ワークショップ」での協同研究にもとづくもので，近世の梅毒についての医学・医療史の総覧となっている。梅毒が痛覚の少ない病で，初期には自然治癒(ち)の可能性もあり，根治は困難でも投薬などが功を奏することもあったこと，それによって近世の人びとが梅毒を必死の重病とは感じていなかったことが説明されている。梅毒の問題は，外国人の日本紀行を読めば明らかなように，近代的衛生観念にも関わる大問題であるから，徳川期の事態の確認は貴重である。

　また第6章「婚外の性愛」は，副題に「女性史からみた『好色五人女』」とあるように，西鶴の物語を，実際の事件史料とつき合わせ，歴史学と文学研究を結びつけている。西鶴の世界に女性の側の「恋情と愛欲が一つづき」「直接に相手を得ようとする果敢な求愛」をみる視角は興味深い。また高群逸枝の『恋愛論』が西欧中心の恋愛史を描き，アジアと日本の恋愛は情痴の世界に停滞するだけであったという偏見から，近世を「正常な恋愛」の範疇からはずしてしまったと批判している。この5章・6章の論文は，普通の歴史学とは異なった視角から，性愛をめぐる人びとの倫理や規範のあり方を照射することに成功している。

　以上が，本書の内容のおおざっぱな紹介であるが，著者は終章「近世売買春の構造」で，これまでの近世史の研究が，どうしても「遊郭」中心で，遊郭の周縁から外部に広がる私娼群や「売女がましい」とされる女性たちをふくめて全体を構造的にとらえる視野を欠いていたことを強く批判している。そして，芸能ではなく性それ自体を売る大量の娼婦が登場し，売春が大規模な営業となって都市下層民にまで浸透した近世社会は，「売春社会」というべき歴史的特徴をもっているという重大な結論をみちびいた。

徳川「売春社会」から大正「大衆買春社会」

　現在，この曽根の理解を前提として，歴史の諸時代における売春や性愛関係の特質を比較して，通史的に分析する方向が明らかになりつつあるが，私の専攻の中世の側からいうと，著者が近世初期の遊廓の主人に戦国・織豊時代の系譜をひく牢人（ろうにん）の位置が多いとしているのが注意をひく。つまり，藤木久志『飢餓と戦争の戦国を行く』（本ガイド第1部）がいうように，戦国時代から織豊政権の時期，戦争にともなって各地の戦場で女性・子どもの奴隷狩りが行われたが，近世初期遊廓を立てた女衒（ぜげん）たちは，確実にその経験をしており，自分たち自身でも奴隷狩りの場数を踏んでいた可能性が高い人びとなのである。これは遊廓・売春宿の世界が，戦国時代から徳川期社会に持ち込まれたものであったことを示唆しているのではないだろうか。

　また，著者が売春社会の根底に，娼婦を「商品＝客体」として利潤獲得をめざす営業行為の広汎な展開と，それを「町方の繁栄」「渡世上下の潤（うるお）い」として歓迎する都市民の存在をおいていることも興味深い。徳川期の都市社会には地方に出自する多くの独身の奉公人がおり，婚外の性愛が大問題であったことも指摘されている通りである。これは中世でいえば，『庭訓往来（ていきんおうらい）』において市町の殷賑（いんしん）のために「遊女・夜発（やはつ）」などを招き居えるといわれているのと同じことである。また物ぐさ太郎の物語でもわかるように，『御伽草子』では貧困な独身者と遊女の関係が人気のある話題であったのは，背景に実際の事情があったと考えるべきであろう（保立「『物ぐさ太郎』から『三年寝太郎』へ」『物語の中世』，講談社学術文庫，2013年）。

　もちろん，近世の「売春社会」は中世とは段階的に相違している。それは，武家の巨大都市が農村の富と人口を収奪・吸引する「兵農分離」といわれる社会構造の一部となっている。このシステムの中では，都市の男女別人口構成の歪みは必然的であり（江戸の人口比率は男2,

女1)，そのなかで都市動物と化した男を管理し，一方では婚姻外の性愛を密通として厳罰に処し，他方では売春から利潤を搾出しながら人びとを飼い慣らすのが政治のやり方となった。これが人びとの肉体的自然の大規模な荒廃をもたらし，梅毒はその象徴であるかのように各地に盛行したのである（これは自然の荒廃と搾取という意味では，里山の大規模なハゲ山化などの環境的自然の荒廃とパラレルな関係であったのかもしれない）。

次に近現代の側から見ていくと，徳川時代の売春構造は大きく変化した。日本の近代公娼制は欧米の制度に倣い，条約改正を可能にする近代化の一環として導入されたものであり，永原陽子によると梅毒検査を中核とした制度の原型は，イギリス植民地における管理売春にあったという。横田冬彦は，これによって，大都市部に「大衆買春社会」というべき状況がもたらされたという（永原「「慰安婦」の比較史に向けて」，横田「「遊客名簿」と統計」，両論文とも，歴史学研究会，日本史研究会編『「慰安婦」問題を／から考える』岩波書店，2014年）。つまり各地の遊廓が作成した「遊客名簿」を統計分析すると，たとえば，京都市では，1893年の年間登楼総数は61万人であったが，日露戦争後に急増して，1928年には186万人のピークを示す。20〜40代の京都市内男性人口にもとづいて概算すると，1人平均の登楼回数は年平均で8回に上る。

現物で残る個別の帳面の分析からいうと，下層住民にまで登楼者がふえていることもわかるから，相当多数の男が妻や娘には良妻賢母を求めつつ，自分は買春をするという二重基準のなかにいたことになる。横田は，このような都市部の様相を「大衆買春社会」と表現し，それが続くなかでの慣れが，第二次世界大戦における戦地・占領地での「慰安所」の「利用」につながっていったとしている。

曽根のいう「売春社会」と横田のいう「大衆買春社会」は，「売春」

と「買春」、つまり「女」から表現するか、「男」から表現するかという点で異なっている。しかし、二人の説を通底させれば、近世から近現代への時代の移り変わりとは、「女」を酷薄な運命に陥れる社会から、それはかわらないまま、多くの「男」が「衛生的に」に女を買う社会になったということであった。もちろん、男たちにとっても「大衆買春社会」は戦地の「慰安所」への入口であり、それ故にしばしば「死」への入口であった。また男の側での「純潔主義」もなかった訳ではないが、それは性奴隷の境遇におかれた女性たちへの差別意識をみちびいた。

近年の歴史学は、これらすべてを含めて、戦争への過程が、さらに大規模に女の過酷な運命を東アジア全域に拡大する過程でもあったことを確証してきた。日本の東西を代表する歴史学会が編集した『「慰安婦」問題を／から考える』（岩波書店、2014年）の巻末の座談会を読んでいると、そのような仕事をしている歴史学者には、売春の女性たちは、私たちに地続きの人びと、私たちの精神のそばに住みついている人びとであるという考え方が共通していることがわかる。本書は、近世史研究の立場から、そのような学界の情況の基礎をつちかったのである。

曽根ひろみ（そね・ひろみ、1949-）

　静岡県生まれ。東京都立大学人文科学研究科修士課程、一橋大学社会学研究科博士後期課程修了。現在、神戸大学名誉教授。

第5部

研究基礎：歴史理論

　これまでの「読書の初め」「史料の読み」「学際からの視野」「研究書の世界」とは違って，ここで研究基礎というのは研究を行うための入口や方法よりも，その基礎の基礎，足場のようなもので，ようするに理論のことをいう。

　理論は骨組みだから，小難しいのは勘弁してもらうほかない。しかし，理論の根拠は「心」だ。そういうと変に感じるかもしれないが，研究というのは研究者の側からいえば，「心」に根拠がある。そして「理をもって論ずる」のは「心」である。だから，これは研究者個々人の心の奥底にどういう足場が組み立てられているかという問題でもあって，その意味では経験によって，また個々人によって違う。私の場合は世代的にいって，どうしても「戦後派歴史学」の理論ということになる。

　「戦後」というのは第二次世界大戦後という意味だから，古すぎることのように感じられるかも知れない。しかし，たとえば野間宏・堀田善衛などの「戦後派文学」は，その世界のなかに入っていけば，決して古いというだけでは片づけられないと思う。それと同じことである。ここでは代表として石母田正・峰岸純夫・佐々木潤之介・遠山茂樹の四氏の本を選んだが，私は，ここを足場として仕事をしてきた。

　もちろん，研究は，もう「戦後派歴史学」では間に合わないところにまで進んできた。とくに歴史学は「日本史」という枠組みのなかに自足してはいられない。つまり「琉球史」と「アイヌ史」の問題であり，そこではまったく異なる史料の扱い方と仕事のやり方が必要になっている。これから歴史学に進む人は，最初からこの足場も確保しておかねばならない。ここでは「戦後派歴史学」は無力である。

石母田正

『中世的世界の形成』

伊藤書店，1946年／岩波文庫，1985年

――現代日本歴史学の出発点――

石母田正という人

　本書の題材は，現在の三重県，伊賀名張郡(いがなばり)にあった東大寺領の荘園という小さな地域の歴史に過ぎない。しかし，実は，本書は，第二次大戦後の歴史学の研究者のほとんどが熟読したというものであって，ここにはこの国の現代歴史学の源流がある。

　この本を読むために断片的な歴史知識は必要ない。むしろ，古典的な哲学や社会科学の勉強をしてあることの方が大事だろう。そもそも，石母田はニーチェ好きであったため，大学は哲学科で四年を過ごし，その後に歴史学に転科したという経歴で，日本の哲学者だと三木清の影響が強かった。三木の文体を読み慣れれば，石母田のものは読やすくなる。

　卒業後，7年ほど出版社につとめながら勉強し，7年目にひと月休暇をとって本書を執筆した。第二次大戦の終戦1年前，1944年の10月のことで，空襲にそなえて暗幕をおろした部屋に籠もって，700枚の原稿を一気に書き上げたというのは有名な話である。哲学科在籍のときには非合法の日本労働組合全国協議会の活動に参加して二度検挙(けんきょ)されており，監視付きの身であったから必死だっただろう。

この本を読むコツ

　この本を読むコツは，第1章「藤原実遠（さねとう）」を徹底的に読むことである。藤原実遠というのは11世紀半ばの伊賀国の領主である。冒頭から長い土地の譲状がでてきて，その主要部分が広大な「入会地（いりあいち）」をふくむ山林原野を一括して領有したものであることが説明される。なぜそういうことが可能であったかを探って，石母田は，領主実遠の前には「族長」がいたこと，天皇の国土高権はそのような族長による大地の領有を前提としており，実遠はそれに依拠して広大な入会地を占拠したのだという。国土高権，つまりヨーロッパでいえば「国王罰令」権に依拠した大地の領有，あるいは後に網野善彦が使った言葉でいえば「大地と海原（うなばら）に対する天皇支配権」である。

　こういえば簡単なようだが，細かな話なので，地図をみて地名や地勢を確認しながら時間をかけて読む。石母田は本書の序文で「一つの狭い土地に起った歴史を丹念に調べることよりほかに全体に近づく方法はないように思えた」と述べているが，それを追体験するのである。そうすると，この荘園になんとなく土地勘のようなものがでてくるはずで，そうなれば，第2章以下は，読みやすくなる。

　第2章のテーマは「東大寺」で，実遠の大規模な領主経営が崩壊した後に，名張郡は奈良の東大寺の天下になる。東大寺は，「古代的な」権威であって，庄民を「寺家の奴婢（じけのぬひ）」と称して狭い社会関係のなかに束縛する。石母田は，これを広い意味での奴隷支配であるという。そして，第3章「源俊方」，第4章「黒田悪党」は，庄民がこれをどう突破していくかという分析になる。第3章は平安時代末期の内乱の時代，第4章は鎌倉時代から南北朝時代を扱うが，ここら辺になると文体にも慣れてくるので，どんどん読み飛ばされるのがよいと思う。話しは徐々に大きくなり，伊賀の山間荘園の歴史の記述のなかに，日本全体の政治・文化についての含蓄（がんちく）ある記述がはさまれる。そこには独

特の魅力がある。

　しかし，何といっても，論理の力で書き上げられているところもあって記述に曖昧さを感じるところもでてくる。研究に進む場合は戸田芳実の仕事（『日本領主制成立史の研究』岩波書店，1967年）を参考にして，個々の史料を自分で読んで，イメージを点検してみる必要がある。石母田のころには現在のような史料集はなく，周囲の好意で史料をあつめたようであるが，その点，今は楽である。史料はすべて東京大学史料編纂所のデータベースで，一語一語を自由に検索できる。

　石母田は，この『中世的世界の形成』によって，一躍，学術と思想の世界でもっとも注目される歴史家となった。しかし，歴史学界のなかでいうと，石母田は1950代の後半にとり組んだ鎌倉幕府成立史の研究によって位置を確保したのではないかと思う。その時期の様子については，共同研究者の佐藤進一による証言がある（『石母田正著作集』7，月報）。石母田の仕事は『吾妻鏡』の本文批判から出発するという本格的なもので，その方法には，戦争中に『中世的世界の形成』を書き上げた後に勤めた朝日新聞の出版部での『日本古典全書』の編集の経験があったという。

　この鎌倉幕府の成立についての研究の中心は，「地頭」というものをどう考えるかということである。つまり石母田の前までは（あるいはいまでも）「地頭」というともっぱら荘郷地域ごとにおかれた地頭を考える。彼らが，地域社会のなかで自治的な領主権を強化して武力をもつ地頭になっていって鎌倉幕府ができたという訳である。けれども，石母田は，それとはまったく異なる，国を単位としておかれる地頭＝「国地頭」を発見した。現在では，この国地頭が上から作り出される過程を無視しては鎌倉幕府の成立史を考えられないというのが学界の常識である。この国地頭が上から設定されるということは，前述の国土高権の問題にもかかわるのはいうまでもない。これによって，

明治時代以来の歴史学や法制史研究における古典的な研究のすべてがひっくり返ったのだから、その影響は根本的なものであった。私の『中世の国土高権と天皇・武家』(校倉書房, 2015年) は, この石母田の議論を受けつごうとしたものである。

石母田国家論と「社会主義」

これを踏み台として, 石母田は, 以降,「国家史」の研究に邁進する。石母田は奈良時代から戦国時代にまでおよぶ日本の法の歴史について系統的に追究したのである (「古代法と中世法」著作集8)。それはいまだにもっとも重要な法史論となっている。ただ, 石母田が国家史研究に邁進した背景には,「20世紀社会主義」について, 石母田がある種の疑問をもちだしたことがあった。つまり, 講演「国家史のための前提について」(著作集8) で, 石母田は,「「社会から生まれながら社会の上に立ち, 社会に対してますます外的なものとなってゆく権力」という国家に固有な傾向自体は, 社会主義国家にも共通するものとみなければならない」として, ソ連共産党の状態を頭において「党の各級指導部は, 国家行政, 生産管理体制, 軍事組織のそれぞれの段階と癒着し, そこに社会主義国家独自の官僚制が形成され」ているとした。石母田は詳しく述べた訳ではないが, 国家は社会的分業を組織する「第二次的な生産関係」であるが, 分業の中にはかならず「肉体労働と精神労働の分業と対立」がはらまれている。それを処理することなしには「市民社会が階級対立を排除する一個のアソシエーションに転化する」ことはできないというのである。

石母田は,「国家論の一部としての国家史をつくり上げるという理論的責務を自覚しなければならない」「現代において国家について語る以上は, 社会主義における国家の問題について無関心であることはできない」と述べている。これはいま読んでいると, その意味が分か

りにくいかもしれないが、1966年に中国の「文化大革命」、1968年ソ連軍チェコ侵入、1971年「文革」破綻などの世界の動きのなかで、「社会主義」問題は石母田にとって他人事ではなかった。

この講演は、1967年のことであったが、石母田は、そこで述べた「国家＝二次的生産関係」という図式にそって、大著『日本の古代国家』（岩波書店）を1971年に書き上げ、奈良時代の国家を全面的に論じた。奈良時代の律令国家＝「二次的生産関係」の基礎には本源的な生産関係としての「首長制」があるというのがその結論であった。そして、国家の基礎的な関係が首長制から封建領主制に移行することによって社会構成は歴史的に変化していくというのである。「首長」とは『中世的世界の形成』にでてきた「族長」のことである。その首長＝族長にかわって領主が登場することによって歴史社会が転換していくというのであるから、石母田の議論は、そのまま「実遠」論に接続していく。『中世的世界の形成』で始まったサイクルが『日本の古代国家』で結論をあたえられたということになる。

しかし、『日本の古代国家』の執筆は大学の激務の時期と重なっており、石母田は1973年に発病してしまう。黒田庄の史料を石母田に提供した竹内理三が、石母田の奥さんから聞いたところだと、石母田は一つの論文を書くごとに、指一本で押せば横にたおれてしまうほど、心身ともに疲労困憊(ひろうこんぱい)の極に達するのを常としていたという。石母田は『日本の古代国家』を書き終えて、はじめて日本の歴史について通史的な見通しをもつことができたといっているが、それを執筆することはすでにできない状況に陥ってしまった。社会主義についての思索も、そこで断ち切られたというほかないだろう。

私は、石母田の議論には根本的な疑問をもっている。石母田が、奈良時代の国家的な関係は二次的なものであって、その基礎には首長制という共同体的な基礎的関係があったというのは、「20世紀社会主

義」の国家が二次的な生産関係であって，その基礎に社会主義的な協同的関係があったという考え方と対をなしているものである。しかし，ソ連社会の現実は，国家所有こそがむしろ第一次的な関係として存在する全体主義としかいえないものであって，その基礎に協同的な関係が対応しているというのは幻想であった。

　アメリカへの従属の決定と朝鮮戦争という戦後の激動期のなかで，石母田は，東アジアの社会主義に希望をつなぎ，その所属した日本共産党の政治的な誤りの影響もあって，「国民的歴史学運動」と呼ばれた学術運動のなかで重大な責任を負い深く傷ついた。こういう行動をとった学者の苦闘というのはすさまじいものだと思う。しかし，それを総括した石母田は，その後20年間，時間に追われるように仕事をした。今後さらに点検しなければならない問題があるとはいえ，石母田は国家論や神話論などで一級の仕事をした。『石母田正著作集』に付せられた月報をみても，石母田は学界のなかに確実に記憶されており，その暖かな人柄と学者としての処世にもいまだに学ぶところが多い。

石母田正（いしもだ・しょう，1912-1986）

　札幌市に生まれ，宮城県石巻に育つ。東京帝国大学文学部哲学科に入学後，国史学科へ。出版社などの勤務を経て，法政大学で教鞭をとる。法政大学名誉教授。戦後の日本歴史学を代表する研究者。著作集全16巻（岩波書店）のほか，代表的著作は文庫でも入手可能。

峰岸純夫

『日本中世の社会構成・階級と身分』

校倉書房, 2010 年

――奴隷論をこえて――

問題の『資本論』の注記

　新渡戸稲造が 1899 年（明治 32）に英文で出版した『武士道』には「マルクスはその著『資本論』において，封建制の社会的政治的諸制度研究上の特殊の利便に関し，当時封建制の活きた形はただ日本においてのみ見られると述べて，読者の注意を喚起した。私も同様に西洋の歴史および倫理研究者に対し，現代日本における武士道の研究を指摘したいと思う」とある。すでにその時期に『資本論』は著名な古典であったから，明治の学者たちはそこに注記ではあっても日本についての言及があるのを喜んだのである。そこには「ヨーロッパ以外に日本だけが封建社会をもった」という脱亜の心情が含まれていた。

　「まったく（純粋な）封建的な土地の所有スタイルや育成的な小規模農法（発達した小農民経営）によって，日本はヨーロッパ中世の忠実な写像を示してくれる。それはブルジョア的先入見にみちた普通の歴史書よりもはるかに参考になる。中世を犠牲にして「自由主義的」であるということは，あまりに手前勝手すぎる。」（保立訳）

　これが，その注記であるが，本文と対比してよく読むと，実は，これは「自由主義」的な封建制論を嘲笑し，その引き合いで徳川社会を

ヨーロッパの封建制の「写像」を提供してくれると述べたのであって，ここからマルクス自身が徳川日本を封建制と事実規定していたと断定することはできない。

　しかも，さらに問題なのは，先の私訳の傍点部「まったく」と下線部「育成的な小規模農法」が，従来は，（　）に記したように‘純粋な’‘発達した小農民経営’と訳されていたことである。日本には「純粋な（＝本来の典型的な）封建制」なるものがあり，「発達した小農民」がいたというのである。しかし下線部の原文は entwickelten Kleinbauernwirtschaft であって，マルクスが日本農業を論ずるにあたってノートをとったドイツの農学者の論文と対照してみると，entwickeltenは育成する（＝蕾をほどく）という原義で理解するべきで，Kleinbauernwirtschaftもむしろ主体としての農民を強調しない方がよい。そして修飾語も「純粋な」などの特別な意味を読みとるのではなく「まったく」と訳して単純な強めと理解した方がよいだろう。

　ところが，太閤検地論で有名な安良城盛昭などは，新渡戸以来の翻訳を前提にして，徳川社会が「純粋（＝本来の）封建制」である以上，それ以前は「奴隷制社会＝古代社会」であると主張した。これは，かって藤田五郎が述べたように，徳川社会が「純粋で＝本来的な」封建制であるということから類推して，「戦国時代以前のわが「中世封建社会」について，奴隷制的，古代的要素を必要以上に強調しなければならないという非歴史的な操作」におちいったものというほかない。さらに問題なのは安良城が「発達した小農民経営」という誤訳に依拠して，太閤検地は「小農民保護政策」をとった進歩的政権であって，その結果，徳川社会は「発達した小農民」が一般的となったとしたことである。

　しかもその発達した経営なるものは，単婚小家族でも経営できるほどの安定した生産力水準を含意すると拡大解釈され，しばしば「小農

満面開花」などと表現された。しかし，この『資本論』の文章は日本農業が育成的（園芸的な）小規模耕作であるという常識的な事実を述べただけのことである。それを「発達した小農民経営」などとすることは，地主の大経営やその下に隷属する弱小な小作人を無視するものであろう。経営概念と小規模耕作という農法の概念は違うものである。たしかにマルクスは偉い学者であるが，その片言隻句(へんごんせきく)にとらわれていては歴史学の仕事はできないというほかないだろう。

峰岸の近世史研究批判──下人(げにん)論

このような安良城の見解は，いまでも多くの徳川時代史の研究者に支持されているが，峰岸は，それを正面から批判した。手みじかに紹介すると，まず安良城が戦国期以前の社会を奴隷制社会であり，中世の下人は奴隷そのものであると論じたことについて，第4論文「中世社会の階級構成　とくに‘下人’を中心に」が実証的な反論をしている。峰岸は鎌倉時代の領主の譲状など，代表的な下人史料を取り上げ，これらの史料に登場する「相伝」下人はたしかに資財の一部として譲与されており，身分的には奴婢（奴隷）と理解することができる。しかし，その大多数は，家族・屋敷・耕地を占有している人びとであることは動かし難い。峰岸によれば，彼らはむしろ「農奴」とすべき存在，つまり「農」という生業を自分たちの意思において営んでいながら，「奴」として強い人身支配をうけている人びとであるという（なお「奴」は和訓では「つぶね」と読むが，それは主人の前でかしこまって「粒」のように丸く畏まるという意味）。

もちろん，「下人」という用語はきわめて多様な身分をふくんでいる。「相伝」下人の身分は奴婢身分であるが，その他，一般に身分の低い人＝「下衆」という意味，奉仕にきた百姓やその縁者の呼称，年期売りや飢饉の際に緊急避難として身を売った人々などまでが同じ下

人という用語で表現されるという。その点では第11論文「戦国期東国の女性」も興味深いもので、東国の庶民女性が13歳の頃に売られ、北関東で何度も転売された後に老女の付人（つきびと）として前橋に居たときに請け出され、ある人の妻妾となって安息（あんそく）の地位にいるという事例が紹介されている。この女性13歳のときに行われた売買が、東国の大飢饉の年にあたる1534年（天文3）であることから、この女性は飢饉の緊急避難として売られたとわかるという。同じ論文で、別の女性の奴隷化の契機を戦争における「乱取（らんどり）」と推定していることを含め、先に紹介した藤木『飢餓と戦争の戦国を行く』のいう飢餓と戦争による奴隷化の具体的な事例が提示されているのである。

峰岸は下人の身分的・階級的な境遇について、下人自身が地位を向上させ、また身分解放の運動をしていることを勘案して考察する必要があると述べているが、たしかに彼らの社会的性格は売買などの短期的環境のみでなく、そのライフサイクル全体を視野に入れて考察しなければならないのであろう。

「アジアの共通分母としての地主制」

さて次ぎに安良城が徳川期の庶民を「発達した小農民経営（単婚小家族）」とのみ捉えた問題であるが、峰岸はそもそも東アジアの社会構成は「強烈な国家支配と強固な地主制」を特徴とするもので、「アジアの共通分母としての地主制」を注視しなければならないと述べている。これは峰岸以前のほとんどの議論がもっぱらヨーロッパとの対比・比較において日本社会を論じ、日本が東アジアの一部であることを具体的に顧慮していなかったのと比べ画期的な意味をもっていた。

地主的土地所有は勤労的な土地所有を基礎にもちながら、その蓄積の中で上級の所有と接合し、他の百姓を保護するとともに従属させる。峰岸は、本書の序文で、こういう地主が室町時代には存在し、それが

戦国時代から徳川時代になだれ込んでいき，さらに第二次大戦後の農地解放まで続くと述べている。ここで峰岸がいうのは，1000町歩地主などといわれる明治時代の「寄生地主制」などとは違うものである。それは都市との関係を媒介し地域支配機構を支える位置にある，より小規模かつ多様な姿をもつ地主・豪農である。多くの人びとは，彼らに依存し従属することを生存の条件としていた。庶民にとっては，「発達した小農民経営＝小農満面開花」はつねに見果てぬ夢に終わったというのが峰岸の見解である。

　これらは本書第5論文「室町・戦国時代の階級構成　とくに「地主」を中心に」，第6論文「村落と土豪」で具体的にふれられている。細かく紹介する紙幅はないが，そこでは，室町期の地主－小作関係を追跡し，地主が領主権力と結びついて「殿」「侍」などの特権身分をもって土地集積を進めながら，他方で「惣村」を自立させていく様相が論じられる。惣村は，日本の歴史上においてはじめての自立した村落組織であって，室町時代後期，応仁の乱を前後して，この惣村を地盤とした土一揆・徳政一揆が展開したことは歴史の教科書などにも書いてある事実である。この時期の飢饉と戦争による社会崩壊の状況については，藤木の『飢餓と戦争の戦国を行く』の紹介でふれた通りであるが，この中で，鎌倉時代以来の武家貴族の家柄が没落し，郡・庄レヴェルに基礎をおく地域領主層が覇権を握り，新たな広域支配を展開する戦国時代が始まった。

　こうして，領主の総体と惣村の地主・百姓の総体の間での階級的な争いが，この領主貴族の没落と再編成のなかで展開したのであるが，しかし，問題は，土一揆，徳政一揆が地歩をかためるなかで，領主権力と惣村の狭間にたった地主層が，権力への上昇転化か，村落への回帰かの選択を迫られたことにあった。上層の領主権力は，結局，その中でそれまで地主層に保証していた上昇と連携の可能性を切断し，地

主制を村落の内部に押しとどめる方向に舵を切ったというのが，有名な「地主と領主の社会的分離の強行による統一権力の形成」という議論である。

　私は，この議論に賛成であるが，しかし，率直にいって，この峰岸の見解は，現在のところ峰岸の他の著作とくらべて彫琢が不十分な一つの仮説にとどまっている側面がある。つまり，峰岸のいう「強烈な国家支配と強固な地主制」が幕藩体制においてさらに明瞭になる以上，中世の地主が国家や村落との関係においてどのように近世において変化していったのかを明らかにしなければ議論は完結しない。峰岸が研究の領域を東国史や宗教一揆論に大きく転換したこと，そしてなによりも徳川期の地主論が研究史上の難問になっている関係で，現在のところ，これについては十分な試論は存在しない状態である。しかし，幕藩制国家が地主制を基底にもつ東アジア型国家であることは明らかである以上，そろそろ次ぎにふれる佐々木の仕事とつきあわせながら，原点に戻った新しい研究が現れることになるに違いない。

峰岸純夫（みねぎし・すみお，1932-　）

　慶應義塾大学大学院文学研究科修士課程修了。宇都宮大学助教授，東京都立大学教授，中央大学教授，群馬県立歴史博物館館長などを歴任。現在，東京都立大学名誉教授。他の著書に『中世の東国』（東京大学出版会，1989年），『中世東国の荘園公領と宗教』（吉川弘文館，2006年），『中世社会の一揆と宗教』（東京大学出版会，2008年）など。

参考・関連文献
　安良城盛昭『幕藩体制社会の成立と構造』（お茶の水書房，1959年）
　藤田五郎『近世農政史論』（著作集2，お茶の水書房，原著1949年）
　保立道久『歴史学をみつめ直す　封建制概念の放棄』（校倉書房，2004年）

佐々木潤之介

『江戸時代論』

吉川弘文館，2005年

―― 江戸時代研究の到達点 ――

東アジアの中の徳川国家

　本書は，佐々木潤之介が「一生をかけて最後に行き着いた」著作であるが，書き直しと再構成の余裕のないまま佐々木が死去したため，遺稿を関係者がまとめたものである。そこで本書については，現状の編別構成にこだわらず，私の理解したところにそって述べていくことにしたい。

　佐々木は本書執筆に先だって「東アジア世界と幕藩制」（『講座日本歴史　近世1』東京大学出版会，1985年）という論文で，15世紀から始まったグローバル化の時代のユーラシアを概観し，東アジア文明・イスラム世界・ヨーロッパが対抗する状況を説明し，東南アジアをふくむ広範な地域で大小の専制国家が競合するなかで，日本が「宗主国的地位」にまで進み出たことを活写している。本書は，ヨーロッパが徳川日本を世界の「七帝国の一つ」とみなしていたという近年の新説に賛同しているが（平川新『開国への道』小学館，2008年など），その趣旨は，この論文を引き継いだものである。

　「宗主国＝帝国」のイメージが，秀吉の覇権的行動から幕藩制初期にさかのぼることは疑いない。佐々木は，従来，ヨーロッパ諸国との関係で考えられがちであった「鎖国（＝海禁）」も，この延長で論じ

ようとする。つまり「明」が「清（夷狄＝女真）」により滅亡の運命におかれる事態のなかで、日本は「華夷レジーム」の中軸を握ろうとした。幕府はヨーロッパ勢力と「清（夷狄＝女真）」を「夷」と位置づけて国際貿易を管理しようとしたということになる。

　これに関係して佐々木は、「鎖国」は日本の国家社会の脱アジア化を意味するのではなく、むしろ国家社会の「アジア的特質が内包する方向において」社会の稠密化、一種の中国化が進展したという。佐々木は、これを成熟した徳川期研究者らしく縦横に論じているが、まずは経済社会史にそくした素材が対象になっているのは自然なことであろう。本書は中国的な知識を前提とした18世紀以降の在来技術の発展が、徳川社会に一種の合理化をもたらし、その基礎には技術学と技術の公開性があったことを論じている。

　また「それぞれの氏系図の時代」と題した家族史を扱った部分もあって、徳川期儒教論に踏み込んでいるのも貴重である。佐々木は大田南畝などが編纂した『孝義録』を読み解き、また『孝経』を論じて、貧しく懸命に働く貧農や半プロレタリアートの家族像を語っている。佐々木の筆致は暖かく、この部分は本書でももっとも感動的な部分だと思う。しかし、何といっても重要なのは、儒教の社会的浸透の根拠を国家的所有と地主的所有が連鎖するシステムにもとめたことであろう。これは社会組織においても中国的な地主制に近似する関係が徳川期社会に拡大したことを示唆している。

　この部分からは、佐々木が徳川期地主論をどう捉え直していたかもわかる。佐々木は、徳川期の地域支配の形式が「村請制」という「国家－村－家」という公的なシステムにあることを認めたうえで、その場合も、「国家－家」という国家的関係がその実態であって、「村」の共同体的な性格はむしろ副次的なものであるという。そして、村落においては、「家」は家父の個人的権限と区別される集団性と永続性を

もつ存在であり，それは「家」が国家行政の下請けとしてもっている公的な性格に対応しているという。このような「家」と「村」の突き合わせ方は独特なものだと思う。

幕藩制の構造的特質

　さらに本書には幕藩制の国家システムについての新たな定式化もある。まず石高制，すなわち土地を石高で表現し把握する太閤検地のシステムについて，佐々木は，貢租の単一化にもとづいて国家的な所有と市場支配を結合したシステムと規定する。それは朝鮮やインドのムガル帝国などに共通するもので，米を貢租として収納した上で，都市・商業支配にもとづいて独占的に商品化することによって強固なシステムとなったという。

　こうして，幕藩制の米遣い経済の構造においては，相当数の人びとが自らの生産した米の消費・流通から疎外される。実際，当時の平均米生産総量は年1800万石であり，（米消費量を1人1石として）1800万人分の消費が充足されるが，日本の総人口は3000万人で，地方農村には米を主食にできない人口が優越することになる。それ故に，民衆は物価にきわめて敏感で，幕藩領主に対して商品経済を背景とする売買の道理と物価の妥当性を強く要求し，幕府もそれを無視できない。民衆は，そのような正当性原理を前提として身分におうじた生き方を追求する多元世界に生きていたというのである。これは佐々木が，実際上，徳川社会における一種の「世俗社会（＝市民社会）」の形成を承認したことを意味するように思う。

　また，佐々木は，幕藩制における国家的賦役の中心に17世紀後半に確定した軍役の全国的な賦課体系があるとした。田地を知行する武士は，その石高に応じて軍役を負担するが，その軍役は，たとえば200石に対して侍1人及び従者4人などと計算される。従者を中心と

する軍役労働は武家奉公人のみでなく，村での「男改」にもとづく軍務労働の動員体制として存在した。もちろん，このような賦役動員は，治水工事などの国役や宿駅などの交通賦役においても存在したが，国家の身分体系に対応する人別帳作成の根本には，この軍役が存在したということになる。これが戦国大名の土地所有を統合して成立した，幕藩制的な国家所有システムに対応するものであったことはいうまでもない。

　ここには支配層と民衆の間の対抗関係が存在する。しかし，この対抗関係のなかには，領主の側は百姓に対して武具の使用をひかえ，百姓の側も一揆の際に，武具を携行せず，放火しないなどの社会的な了解事項が存在していた。幕藩制の国家賦役体系は，民衆が自らの利害を武闘によって主張することはしないという身分的な節度，規範意識によって支えられていたというのである。

　以上のような「石高制」と「軍役」の体系（およびそこに内在する幕藩領主と百姓の対抗関係）を社会システムとして確定したのが「兵農分離」の体制であった。石高制－軍役－兵農分離の「三位一体」の原則である。「兵農分離」については，すでに朝尾直弘の著書を紹介するさいに詳しくふれたので（本ガイド第4部），説明はそちらにゆずることにするが，ただ，佐々木が，本書で東アジアの中国・韓国・日本の三国の社会構造の比較史という視角から，兵農分離についても新しい定式化をしていることについては紹介をしておく必要がある。

　佐々木は，この三国は，国家的な所有を中軸とする点では基本的に共通しながら，「中国・朝鮮の官僚制は郷紳・両班を母胎とし，科挙によって形成されている点において，江戸時代の兵農分離制にもとづく武士吏僚制とはまったく違う」とする。つまり，日本の兵農分離制は武士＝吏僚を都市に集中する体制であって，支配層が在村せず，地域の社会的権力は被支配者（百姓）としての地主＝村役人のもとに

組織されている。佐々木は，このような直接支配の不在が，余裕と同時に一種の甘さを地域社会の政治と文化にもたらしたと論じている。この部分は，武士吏僚制のような国家論に独自な問題についての言及をふくめて興味深い指摘が多い。

一揆・騒動・世直し

佐々木は戦後派歴史学における封建制論を擁護しつづけた研究者であった。しかし，それにもかかわらず，ここに描かれた実態はヨーロッパを範型とする「封建制」とはまったく異なったシステムである。それは佐々木自身が示唆するように，国家－地主関係を基礎とする東アジア的な社会構成と捉えるほかないものであると，私は思う。

佐々木の理論的な姿勢で重要なものは，むしろ徳川期から明治期への歴史的移行の理解ではないだろうか。しかも，佐々木はそれを幕藩領主と百姓の基本的な対抗関係の展開にそって捉えようとした。佐々木は『幕末社会論』（塙書房，1969年）『幕末社会の展開』（岩波書店，1973年）で，有名な幕末「世直し状況」論を提起したが，本書では，「一揆」から「世直し」への展開を，先述のような身分的節度が生きていた段階から，その節度と倫理を越えざるをえない運動の歴史的なあり方への展開として見事に再整理している。

しかも，本書がきわだっているのは，「世直し」が十分な変革のための思想や世界観をもたないものに終わった限界性を，幕藩制の構造的特質のなかに位置づけたことであろう。つまり佐々木は，「幕末の志士」たちは地域村落社会の最深部の変動から浮き上がった「根無し草」にすぎなかったと論断する。それは支配層が下級武士にいたるまで在村せず，地域から切断されていたという幕藩制の特質に由来するものであったというのである。

佐々木は戦後派歴史学のなかでは，徳川社会の多様さと豊かさ，そ

こにおける「民衆の闊達な成長の歴史」をきわめて高く評価する研究者の一人として際だった位置にあった。本書の解説で、安丸良夫は佐々木について、「そのゆったりとした仕草は、さまざまな問題に向き合う根源的な構えであり、それが誰よりはやく回転する頭脳と結びついていた」と述べているが、佐々木は感情と感覚からいっても徳川社会が好きであったのだろうと思う。

　佐々木は、そのような立場から、「維新の元勲＝幕末の志士」たちが地域社会に根ざすことなく、民間の伝統秩序や技術を無視し、それを破壊することを文明開化と称したことを口をきわめて論難する。佐々木によれば、「本書がもっぱらそのために書かれた」のは明治国家の絶対主義が徳川社会の達成を権力的に断絶させた事情の究明なのである。佐々木が「歴史の否定にたった政治主体」は、所詮、重要な歴史的課題を解決できない。歴史を否定したうえで、得手勝手に「神武創業の始に原き」という復古思想を持ちまわることは許されない。「その飛躍は必ず歴史に報復される」と述べたことの意味はあらためてかみしめるべきであると思う。

佐々木潤之介（ささき・じゅんのすけ，1929-2004）

　秋田県出身，東京大学大学院人文科学研究科博士課程修了。第二次大戦後の徳川時代研究を代表する研究者の一人。一橋大学教授，神奈川大学教授，早稲田大学教授を歴任。一橋大学名誉教授。

遠山茂樹

『明治維新』

岩波書店，1951年／岩波現代文庫，2000年
——現在でも通用する総合的な維新論——

　高校時代，ちょうど明治維新100年の時期で，「紀元節」(2.11) 復活の法案が問題になった。私は新聞委員会に属していたので，自分たちで講演会を開こうとしたが，そのころ，遠山さんが東大の五月祭で講演するというのを知って聞きに行ったことを憶えている。物静かに話されるのだが，明晰(めいせき)な筋が通っており，結論に近づくにつれ身に迫るような説得力に圧倒された。

　さて，第二次大戦前の支配層にとっては，先祖が維新にどう関わったかは家柄の序列に関わるため，その所蔵史料を閲覧すること自体がむずかしかった。厳密な学術研究は明治国家に距離を置く覚悟を必要としていたのである。そのため，明治維新研究は，まず大正デモクラシーの時期，吉野作造によって開始され，さらに戦争に向かう世相に抗して展開された「日本資本主義論争」に引き継がれた。この論争が，天皇制に表現されるような「封建的要素」を日本資本主義の構造的な基底とみるか（講座派），単なる封建遺制とみるか（労農派）をめぐって展開されたことはよく知られている。

　しかし，この論争の当事者は，仕事に時間のかかる歴史学者ではなく，経済学者・法学者たちであった。この論争に対する歴史学の本格的な解答は，敗戦後に公刊された本書をまたねばならなかったのであ

る。遠山は，講座派は「型＝範疇」の固定的構造論におちいりがちであり，労農派は資本関係の「発展の現象」に目を奪われがちであるとして，両者に公平な態度をとった。いわば歴史学の立場からの論争の仕切直しの宣言であり，そのような立場から，遠山は，経済や法に局限されない明治維新の全体的な歴史像を，その鍵となる政治史を中心に構築した。明治維新の序幕としての天保期（1830～44 年）から，開始期としてのペリー来航，終末としての西南戦争にいたる政治過程の筋道が，ここに初めて明らかになったのである。

　もちろん，本書の刊行はすでに 60 年以上前であり，再検討すべき点は多い。しかしこれだけ明解で総合的な明治維新論は，現在にいたるまで提出されていない。私は，いくつかの点で，概念内容や用語を変更し修正すれば，本書の構想は，ほとんどそのままで通用すると思う。

維新の開始は「兵農分離」の動揺から

　問題の第一は，遠山が徳川社会を「封建制」としていることである。前項佐々木著書の紹介で説明したように，幕藩制社会は，基本的には東アジアに共通する国家的な所有システムであって，ヨーロッパ的な封建制という概念で理解することはできない。1960 年代に流行したアメリカ流の「近代化論」は，アジア諸国の中で日本のみが「封建制」を経験したとして，「脱亜」の立場を勧誘したが，こういう歴史観は「日本＝封建制」という前提からくつがえす必要があるのである。

　ただ遠山の描く歴史像が了解できないのではない。実際，「封建制」という用語を，頭のなかで「幕藩制」に置き換えて読んでいけば，そこにはほとんど違和感がない。つまり，遠山が維新の序幕としての天保期について示した事実は，この時期，幕藩制的な兵農分離原則がゆらぎはじめたことを示している。兵農分離の「農」の中心にいた地主

的な中間層は，相互に商品生産関係をふくむネットワークを作り，下級武士の身分となることを含めて，多様なルートを通じて公的政治の場にでていく。その根底にあったのは，下層の貧窮民による豪農商への攻撃をふくむ運動が広汎な「(世直し)騒動」に拡大していく動向である。この動きに対して幕政改革(「天保改革」)と藩政改革が進むが，とくに西南雄藩(ゆうはん)においては下級武士やそれと近接する豪農商が支配層内部の改革派に成長した。維新変革は兵農分離原則の動揺から始まったのである。

とくに遠山の見解が優れていたのは，1873年の地租改正と徴兵令の理解であろう。遠山は，維新政権が地租改正を一種の「検地」，徴兵制も本質的に幕藩制下の国家的な賦役(軍役)と位置づけていたという。遠山は実際上は，幕藩制を「封建制」というよりも，きわめて国家的な所有システムと捉え，地租改正と徴兵令が，そのシステムにもとづく国家的な検地と軍役賦課であると捉えていたようにみえる。もちろん，地租改正は地代＝租税を貨幣納として土地の私有化をもたらし，徴兵制は武士身分を廃絶し無用化した。その結果，幕藩制は自己自身を解消したのであるが，その中で国家的なシステム自体は頑強に維持されたのである。

維新が王政復古となった理由

第二の問題は，明治維新が「王政復古」として実現した理由をどう考えるかである。遠山は，これを基本的には水戸学や国学の勤皇思想が，幕府を苦しめるための政略であったとする。「攘夷のための尊皇」が「尊皇反幕のための攘夷」という純然たる名分論になって強引に政局を引きずったという訳である。

しかし，これを，たんにイデオロギーや思想の問題で処理することはできない。そもそも徳川時代においても天皇制は伝統的な王，「旧

王」として位置づけられており，幕府と諸藩の結合には朝廷による将軍職の補任が必須であり，社会的な官位制・身分制の上でも朝廷の存在は必須であった。宮地正人が明らかにしたように（『天皇制の政治史的研究』校倉書房，1981年），徳川公儀権力は朝幕あわせて成り立っているのであり，その瓦解は必然的に朝幕関係の矛盾をもたらすのである。研究段階の相違もあって，遠山はこの問題を顧慮することができなかった。

その上に，維新権力の形成が薩・長・土佐をかなめとする西国諸藩を中心に展開した西国国家の運動であったことも大きかったのではないだろうか。私は，徳川幕府は東海道地方から起こり，後北条氏の握っていた関八州(かんはっしゅう)領国を受けついで形成された東国権力が，関ヶ原合戦において西国を併呑したという性格を幕末になっても維持していたと考えている。明治維新は，西国を基礎とした権力形成が朝廷を一つの中核として東国を併呑したものであるということができると思う。

西南雄藩の開明性・買弁性

第三は，明治維新をめぐる国際関係をどう考えるかにある。この点についての遠山の分析は本書のなかでももっとも鮮やかなもので，ようするに遠山は，明治維新における薩長(さっちょう)の勝利の客観的な原因を，彼らがイギリスと結託したことに求める。最初は幕府による開港を期待していた欧米諸国は，幕府を見限って倒幕派支援に踏み切ったのである。軍事史的にもそれは明瞭であって，そもそも薩長の連携自体も武器購入をめぐるイギリスとの結合がきっかけである。遠山は，このような経過の理由を，イギリスが中国・インドとの軍事的紛争に手一杯で，またその経験から日本を外から操縦しようとしたことに求める。

倒幕勢力の「開明性」とはイギリスとの連携の軍事的有利をすばやく計算したということに過ぎず，それは買弁性(ばいべん)と紙一重であった。彼

らは尊攘派→倒幕派→開国派と「三段跳び」して欧米諸国と結託した。維新権力が，武器や国家支配の知識を欧米列強から取り入れて，東アジアの小帝国として欧米列強と相並ぶ地位に成り上がろうとしたのは，その必然であったというのである。

　ただ，付け加えるべき問題は，すでに徳川国家が自己を「帝国」と意識しており，それが東アジアにおいて唯一「万世一系」の王の血筋が続いているという論理に支えられていたことである（参照，本ガイド黒田の項，佐々木の項）。維新権力がそれを前提として「攘夷・倒幕・尊皇」を呼号し，徳川の「帝国」を奪権した以上，「征韓論」の登場は当然であったということになる。そこにあったのは，徳川の帝国意識が19世紀の近代帝国主義に転換していく過程であったと捉え直すべきではないだろうか。

　なおこれにかかわって問題となるのが，明治維新を「絶対主義」の成立過程だとする遠山の理解である。このような封建制から資本主義への移行期権力という意味での絶対主義という講座派的議論は成立しがたい。しかし，すでに安田浩の著書に関してふれたように（本ガイド第4部），絶対主義という用語自体は生かせるはずである。私は，中国・朝鮮などと相似する幕藩制の国家的所有のシステムが，欧米列強の軍事的・商業的圧力の下で，国家機構を合理化し，資本蓄積を強行する開発独裁的な国家に転形し，その後，本格的な天皇制絶対主義は，日清戦争における勝利をへて確立したと考える。

自由民権運動の背景に何を見るか。

　以上のように追跡してくると，遠山が本書で提出した歴史像は全体としてはいまだに有効であることがわかるだろう。日本社会の通俗常識では，今でも西郷隆盛・坂本龍馬などの「志士」を持ち上げ，そのイメージから明治維新を語ることが普通である。彼らの行動が，幕藩

制のなかで勢いを抑えられていた下層武士や豪農がヨーロッパ列強と向き合うなかで必死になったものであったことは事実である。しかし、その「開明性」は、結局、私闘と謀略、武器商人と買弁の道と紙一重のものであったというのが冷厳な歴史の事実なのである。

　下級武士や豪農たちの力量は、むしろ成立過程の絶対主義権力に対して果敢な抗弁に立った自由民権運動のなかにこそ発見されなければならない。遠山は、その構図について、上からの力が文明開化を標榜するならば、下からの力は保守のヴェールをかぶることを辞さない。その反動的なヴェールの下に実際には歴史の進歩の種子がはらまれていたとしている。まさに至言であろう。私は、自由民権運動はいわゆる「ブルジョア民主主義運動」ではなく、徳川時代に蓄えられた豊かな日本文化と地域社会の力が噴出したものであったと思う。その意味で、宮地正人が、下野の地主名主の田中正造が、維新期に平田篤胤の国学の門人となり、下野の村々の代表として大闘争をにない、さらに足尾鉱毒事件で社会の保守と正義をかかげて闘ったことに注目したことの意味は大きい（宮地『通史の方法』名著刊行会、2010年）。しかし、それは豪農たちが資本主義経済に適応していく過程でもあったこと、そして遠山のいうように、自由民権運動の根本的なエネルギーは板垣退助のような「民権閥(みんけんばつ)」からではなく、佐々木潤之介のいう「世直し」の伝統をひく、より下層社会に近い場から供給されたことも忘れてはならない。

遠山茂樹（とおやま・しげき，1914-2011）
　東京帝国大学国史学科卒業。横浜市立大学名誉教授。日本近現代史研究の開拓者。本書は『遠山茂樹著作集』（全9巻，岩波書店）第1巻に収録されている。

豊見山和行編

『琉球・沖縄史の世界』

吉川弘文館，2003 年

——「日本史」を揺るがす琉球史——

日本のナショナリズム＝民族的な連帯意識の弱さ

　1963 年に刊行された『沖縄』（比嘉春潮，霜多正次，新里恵二，岩波新書）は，現在でも読むにたえる沖縄史論の古典である。その第一節「日本人の民族意識と沖縄」は，「本土」の沖縄についての「異常な無関心」を伝えるところからはじまり，「沖縄にたいするこうした無理解，国民的な連帯意識の弱さは，とうぜん沖縄返還運動を全国民的なものとするうえに大きな障害となっている」「日本のナショナリズム＝民族的な連帯意識の弱さについては，すでに多くの学者の論及がある。むしろその問題は，戦後の日本の論壇での，最も主要な継続的なテーマであった。そこには，たんに日本人の一般的な民族意識の弱さという問題だけでなく，沖縄に対する一種の差別意識の問題がある」と続く。そして，その差別意識の根拠は「琉球という一種の異民族，異質の文化圏にぞくする僻地としてのイメージが，日本人の意識に歴史的にうえつけられている」ことに求められる。

　『沖縄』の筆頭著者・比嘉春潮は柳田国男に師事した著名な民俗学者であり，彼がこのように問題を設定したのはめざましいことである。しかし，問題は事実認識にあった。つまり，新書『沖縄』は「本土」と琉球の「民族的」近接性を強調する一方で，琉球を固定的に「僻

地」とみてしまう。弥生時代に農業の道をとらなかったために社会の発達が遅れ，停滞的な歩みの中で沖縄は眠っていたとまでいうのである。こうして近縁的な社会の間の相違が「発展の相違」に還元されて理解され，琉球は「本土」にくらべ，社会発展史上で10世紀も遅れていたと結論される。これは比嘉らの主張をあげつらうためにいうのではない。そもそも，しばらく前までは，「本土」の歴史学界では14世紀の琉球王国は最初の古代国家であり，薩摩の武力進入（1609年）は，封建国家による古代国家の統合であるなどという意見がしばしば聞かれた。

　この種の抽象論は今でも克服されていないが，「本土」とくらべて比嘉たちの議論には十分な理由があった。琉球王国を武力征服した薩摩藩，「琉球処分」によって中央集権を確定した明治国家の支配の下で，琉球が直面した差別と収奪を強調するあまり，彼らは，琉球史の枠組を苦難と「貧しさ」を基軸として描いてしまったのである。

　しかし，近年の琉球史の研究は，本来の琉球が豊かなサンゴ礁の漁撈，多様な海産物と硫黄・砂糖などの特産品をもち，「僻地」であるどころか，東南アジアに貿易圏をひろげた大規模な港市国家であったことを明瞭にした。琉球史を無前提に「日本史の一環」ということはできないというのである。その起点を作ったのは，太閤検地論で有名な沖縄出身の歴史学者，安良城盛昭（『新・沖縄史論』沖縄タイムス，1980年）であり，その影響の下で本格的な史料分析によって琉球王国の国制を明らかにした高良倉吉（『琉球王国の構造』吉川弘文館，1987年）であった。

　本書はそれ以来，20年ほどの研究の到達点を示している。残念ながら，本書は通史ではなく，編者による序論と六本の論文からなる研究論集であるが，しかし，「本土」と琉球が各々異なりながらも深く関係しあって発展と変化の道を歩んできた枠組を明らかにすることに

成功している。

琉球王国の歴史

　その時代区分は，序論とⅠ章「琉球王国の形成と東アジア」（安里進）で述べられており，初発の草創期縄文文化は，南アジアに特徴的な丸ノミなどをともなうもので，琉球弧ルートで鹿児島に到ったが，6400年前の鬼界カルデラ噴火で壊滅した。その後，展開したのは「貝塚文化」であって，北部九州の縄文文化との交流も維持しながら独自化の道を歩み，中国とのタカラガイ交易などを特徴としていた。そして本土の弥生時代に対応する時期を「貝塚後期文化」といい，そこでは旧石器時代以後の温暖化のなかで発達したサンゴ礁の生態系に依拠した生業システムが形成される。彼らは，豊かな漁撈と独占的な貝交易によって弥生農耕文化を受けいれる必要がなかった。そもそも農業の発展のみを社会分析のモノサシとするようなことは誤りであるというのが本書の視座である。

　「本土」の古墳時代以降に対応する貝塚文化最末期には，ホラガイが仏教の法具とされ，日本を経由して大陸に流通し，さらに唐で発達した螺鈿細工の原料としてのヤコウガイも移出される。その代わりに人びとは鉄器を入手するが，このような交易の統括において役割を高めた首長が，琉球の各地域に盤踞し始めたのである。

　これをうけてだいたい10世紀以降，「本土」の平安時代に対応する時期に原グスク時代が始まる。中国の宋代における華僑の東南アジア展開のような交易の広域化に対応して，この時期，長崎産の石鍋や徳之島産の須恵質陶器，カムィ焼が琉球全域に流通する。そして，畠作や水田が本格化し，人口が増大する。その中枢には城塞形の小さなグスク的遺跡が位置していた。そして，13世紀以降，いよいよ大型グスクの時代が始まり，浦添グスクに拠点をもつ初期中山王家の勢力が

他のグスクを圧倒した地位をもって出発した。14世紀に入ると中山から山南・山北が分離して三山時代が始まるが、1420年代には思紹と尚巴志の父子（第一尚氏）が三山を統一し首里へ拠点を移す。その後、第二尚氏への王朝交替があって、尚真王期には（在位15世紀後半から16世紀）琉球王国は琉球全域におよぶ繁栄した王国となる。琉球王国の時代である。この時期、琉球は東南アジアにまで貿易船を送り、「万国の津梁」と自称したという。

問題は、この琉球王国の繁栄が明の冊封と海禁体制のなかでの琉球の特権的地位に支えられていたことで、しかも、時代がすぐにヨーロッパ勢力のアジア登場にむかっていたことである。これがアフリカと南アメリカにおける人間の大量殺害によって特徴づけられ、「長い16世紀」ともいわれる世界資本主義の原始蓄積期であることはいうまでもない。そして、本書Ⅱ章「琉球貿易の構造と流通ネットワーク」（真栄平房昭）に記されているように、この原蓄の推進要因となったグローバルな貴金属流通の中枢に、メキシコ銀のアジア中国還流と膨大な日本銀の増産があった。

こうして世界史は近代の帝国の競合の時代に入り、東アジアは中華帝国の最後の建設と崩壊の時期、つまり清の時代に入っていく。それに先だって日本が秀吉の朝鮮出兵という帝国的冒険に突入し、それは無益な破壊をもたらしただけで終わったものの、極東の小帝国としての日本を担保する形で、薩摩の琉球への侵略と武力統合が行われた。

徳川期の琉球王国は、一方で徳川幕藩体制の下に統合され、他方で清への朝貢体制を維持したが、その中で逆に芸能・生活文化から国制にいたるまで琉球としての特色が意識された。Ⅲ章「自立への模索」（田名真之）は、この純化・独自化の逆説を「琉球的身分制」と「史書の編纂」という側面から描き出している。またⅣ章「伝統社会のなかの女性」（池宮正治・小野まさ子）は沖縄の女性史の分野にあてられ

ており，祭祀と芸能，さらに繊維の生産と貢納を中心とした女性の位置について論じている。Ⅲ・Ⅳを通じて歴史学の側から琉球文化の成熟の様相が語られるが，全体として女性の位置が独自なようにみえるのは，本書の論調からすると，海洋国家に独自な男女間の社会分業ということに関わるのであろうか。なお，Ⅱ章において，琉球が日本列島の南北軸の西南端という位置を生かして徳川期の列島市場との結合を高めながら，砂糖を大阪に出荷する見返りに渡唐銀（とうぎん）を入手し，北海の昆布などの海産物の輸出ルートに乗るという遠心性を確保していることなども，「両属と自立」という図柄のなかに位置づけられている。

さて，以上が前近代部分のだいたいの紹介であるが，Ⅴ章「王国の消滅と沖縄の近代」（赤嶺守），Ⅵ章「世界市場に夢想される帝国」（冨山一郎）は，中華帝国体制の崩壊の隙間を狙って明治国家によって行われた琉球王国の政治的廃絶（「琉球処分」）から，日本の帝国経済の台湾への拡大のなかで必然化された徳川期琉球の砂糖産業の経済的破綻（いわゆる「ソテツ地獄」）までを取り扱っている。とくにⅤ章の分析は鋭いもので「琉球処分」がやはり国際的な不法行為であったことを明らかにしているように思う。

「日本人」という言葉のワナ

冒頭に述べたように，本書は，通史ではない。しかし，この紹介からもわかるように，本書は，具体的な記述のなかで，前近代史と近代史を統一的・連続的に説明するという通史にとってもっとも大切な視座を提供している。何よりも重要なのは，本書が，琉球史という中枢的な部面において，「日本人」という民族を固定してとらえる考え方を実際の叙述において乗り越えたということであろう。私も，民族なるものは，実在する「国家‐国民」の関係とは異なって基本的に状況的なものであると考える。それが実際の社会・社会構造と異なるレヴ

ェルで自己運動し，客観的に「形成」されたり「統一」されたりする実態をもつというのは幻想にすぎない。悪名高いスターリンの「言語，地域，経済生活，文化にあらわれる心理状態の四つの共通性を必然条件とする歴史的に構成された人間の堅固な共同体」云々という民族の固定的定義は，その幻想を形式論理で包んだものにすぎない。

すでに新書『沖縄』も,「どこかに'日本人'または'日本民族'なるものがいて，ぜんぶ同じ体質と同じ文化をもち，同じような歴史的発展をしてきたという考え方」を痛烈に批判していた。比嘉らが，「ナショナリズム」を，「無関心」や「差別」を突き抜けて希求される「国民的な連帯意識」の問題としたことは冒頭に引用した通りである。たしかに「民族」とは，人びとの「連帯意識」にかかわることであり，より正確にいえば多重的で伸縮する公共圏のあり方にかかわる問題である。

しかし，国家と社会の間に存在する公的な圏域が民族の名をもってよびだされる場合，それが民主主義的なものになるか，あるいは魔物となるかはすべて時と場合による。琉球史は，この歴史学にとって緊要な方法問題に直結する分野であり，本書は，それを具体的な実証の場所で考える上での試金石となっている。

豊見山和行（とみやま・かずゆき，1956-　）

　沖縄宮古島生まれ。琉球大学法文学部卒業，名古屋大学大学院文学研究科博士課程修了。現在，琉球大学法文学部教授。主な著作に『琉球王国の外交と王権』（吉川弘文館，2004年）など。

榎森進

『アイヌ民族の歴史』

草風館，2007 年

――アイヌ民族 1600 年の通史――

考古学・ユーカラとオホーツク海

　待望のアイヌ民族の通史。約 1600 年間を追跡した大冊であるから，事前に明治時代の北海道にふれた大河小説，池澤夏樹『静かな大地』（朝日文庫）と，登別のアイヌ民族の豪家に出身した知里幸恵の『アイヌ神謡集』（岩波文庫）を読まれるのがよいかもしれない。池澤がアイヌ語について指導をうけた萱野茂は金田一京助の学統をうけている。金田一は『アイヌ神謡集』の出版を世話した当人でもあり，幸恵の弟の知里真志保も指導している。そして真志保はアイヌ学を創成した人物であり，そのユーカラ論は本書を読む上でも必読のものである（『アイヌ神謡集』巻末付載）。

　現在，アイヌ民族の歴史は，少なくとも「続縄文文化」まではたどることができると考えられている。続縄文文化というのは，縄文文化から継続して，奥羽北部から北海道に広がる文化で，本土でいえば弥生時代にあたる。系譜的にいえば，アイヌの人びとは縄文人からの連続性がもっとも高い。つまり，アイヌの人々の由来を考えることは「日本人はどこから来たか」という大問題に直結するのである。

　しかし，研究の現状は，まだアイヌの通史を続縄文文化からたどるところまで熟してはいない。それ故に，本書は 7 世紀から 12 世紀こ

ろまでの擦文文化期から始められている。擦文文化は幾何学的な擦痕文様をもつ土器を特徴とし，奥羽（岩手・秋田以南）のエミシ文化の強い影響をうけて，青森県から北海道に広がっている文化であり，アイヌ社会への連続性が非常に高い。

この時代，北海道と奥羽は交易ルートを通じて社会的に密接な関係にあったが，奥羽は倭人の侵略的な植民・戦争にさらされている。それと抗争するなかで，10世紀以降の奥羽には，「東夷の酋長（安倍氏）」「出羽山北の俘囚主（清原氏）」「俘囚の上頭（奥州藤原氏）」などと呼ばれた地域権力が形成される。これらは和人の浸透をうけているが，それ自体としては，津軽・北海道をバックにしたアイヌ境界国家と呼ぶべきものであろう。12世紀，これが源頼朝の平泉攻めによって倒壊させられたことは，アイヌ史における国家形成の動きが挫折したことを意味する。

こうして，奥羽エミシは，関東の武臣国家の強力な支配をうけて最終的な混住の道を歩むことになった。だいたい北緯40度ライン（津軽以北・以南）を境としたアイヌ民族の大地（アイヌ・モシリ）の第一次分割である。しかし，北の擦文文化はしぶとかった。擦文文化は，オホーツク文化と呼ばれるアムール下流域からカラフト・千島列島に広がるギリヤーク諸族の狩猟文化との交流・競合関係をバックとしており，また奥羽の最北端とも海峡をまたぐ活発な交流を維持していたのである。鎌倉時代，日本海交易ルートの最北，津軽半島西岸の十三湊を押さえた「蝦夷管領」津軽安藤氏は，津軽海峡をまたぐ境界権力を形成した。津軽安藤氏（つまり安倍藤原氏）の権力それ自体がアイヌとの混淆に根付いていた可能性も高い。

1264年，モンゴルは女真族を動員し，さらにギリヤーク諸族を味方につけて北から北海道に侵入しようとした。これが，鎌倉後期から南北朝期の列島の歴史に巨大な影響をあたえた。それはアイヌの迎撃

によって失敗したが，これをみたモンゴルは大元国を建国し，体制を立て直して1274・1281年の九州攻撃にまわる（いわゆる「文永・弘安の役」）。モンゴルは，それにも失敗したが，今度は，1284年から三年間，大軍をカラフトに派遣し，ふたたびアイヌに抵抗されて退いた。モンゴルにとっては，本拠に近い北からの侵入こそがもっとも重要な政治・軍事課題であったという。

　知里真志保は，ユーカラに描かれたヤウンクル（陸の人）とレプウンクル（海の人）の争いは，この時期前後におけるアイヌとギリヤークの闘いを反映したものであるとしている。著者は，この仮説を東北アジアの実際の軍事国際情勢のなかに見事に位置づけた。しかも，重要なのは，この緊張した情勢のなかで，蝦夷管領の津軽安藤氏が内紛を起こし，それがアイヌの軍事力をかりた反鎌倉の蜂起に結びつき，鎌倉幕府滅亡の重要なきっかけとなったとされることである。その背景に，北海道を守ったアイヌの人びととの誇りと軍事力があったことは確実であろう。安藤氏は津軽海峡の北にも拠点をかまえていたが，そこには「渡党」と呼ばれた渡島半島のアイヌが参加していたという。『諏訪大明神絵詞』には，この時期の渡党は倭語が通じ，容貌も倭人と似ているとある。渡島半島のアイヌは倭人の血も受け入れていたものと思われる。

　ようするに，「元寇」をもっぱら九州での合戦においてのみ考え，鎌倉幕府滅亡を朝廷や西国情勢からのみ考える常識は虚像にすぎないのである。しかもそれはユーカラの理解に関わるのみでなく，さらに『御伽草子』の「安寿と厨子王」の理解にも関わる。つまり，安寿と厨子王の父，岩木判官正氏の「岩木」は津軽岩木山の岩木であって，そこには「日の本将軍」といわれた室町期の津軽安藤氏のイメージが投影されているというのである。アイヌ史の投げかける問題は文化論の上でもきわめて大きいといわねばならない。

しかし，室町時代の後期には，津軽安藤氏（下国安藤氏）の一党が渡島半島南部に多数の館をおくようになっていた。北海道のアイヌ・モシリへの倭人の本格的な侵略と，それへの抵抗の時代が到来していたのである。1456年，函館近辺の村で，小刀の代価をめぐって和人の鍛冶屋がアイヌの青年を刺殺した事件をきっかけに，翌年，アイヌの首長コシャマインを中心とした大蜂起が発生し，渡島半島南部に分布する和人の10箇所ほどの館を焼き尽くしたのである。

大名松前氏の「蝦夷地」支配

それに対する反攻のイニシアティヴをとり，奸計によってコシャマインを倒したのが，後の徳川大名，松前氏の祖先であった。アイヌ・モシリの第二次の決定的な分割である。これまで，北海道と津軽のアイヌは連携して本州との交易を行っていたが，これが不可能となり，下北半島，津軽半島北岸に残ったアイヌ集落も徐々に消滅の道に追い込まれた。アイヌの無国家社会は，戦国時代に突入していた倭人の武家権力に対抗できなかったのである。また，大陸に成立していた明帝国がカラフトへの支配を強め，北海におけるアイヌの自由な行動が制約されるにいたっていたことの影響も大きかったという。

こうして徳川時代以降，アイヌ民族にとって苦難の時代が始まった。まず，松前藩は，徳川初期，渡島半島の南半部を「和人地」として囲い込むと同時に，アイヌとの交易を松前の市庭に限った。さらに，アイヌが松前に来ることも禁止して，藩主直営もしくは家臣の経営する交易の場（「商場（あきないば）」）を北海道内地に設定し，アイヌの生産物を買い叩いた。その深刻さは，これに対して，1669年，日高地方，静内（しずない）の首長シャクシャインが呼びかけた蜂起が北海道北東部をのぞく全民族的なものとなったことに示されている。私は，この時期前後，有珠山，樽前山，駒ヶ岳などの，倭人の拠点に近い噴火湾近辺の火山が，おの

おの富士の宝永噴火よりも巨大な爆発を連続したことは，アイヌの人々にとって神の怒りと感じられたのではないかと考えている。

　しかし，緒戦では優勢な闘いをしたものの，幕府軍の到着と鉄砲による反撃によって押し返され，さらに和睦儀式でシャクシャインがだまし討ちにあい，この反乱は無惨な結果に終わる。北海道全土が松前藩の直接支配の下におかれ，アイヌ民族は，「商場」における交易相手という立場から，事実上，漁場における下層労務者の地位に転落したのである。

　アイヌ民族のこのような窮境は，アムール川流域の女真族がヌルハチの下に結集して清帝国に成長し，カラフトアイヌとのネットワークが抑圧されるようになっていたこととも関係しているという。そして，さらに，唯一アイヌの手に残っていた東の千島列島との交易関係も18世紀後半には，松前藩に握られる。そのなかで，クナシリに設定された「商場」での虐待に抗議する1789年のクナシリ・メナシの蜂起も弾圧された。こうして，19世紀には，アイヌ・モシリは南から，北から，さらに東からも囲い込まれ，その内側は，「商場」ではなく，商人資本による場所請負に開放され，激しい収奪の場となっていった。

現在の問題

　それでも，アイヌ民族の先住者としての共同体的な大地占有は潜在的には残されていた。しかし，明治維新をへた後，1872年の「地所規則」などの制定以降，北海道の大地は私有地に払い下げられ，山林原野は国有地となっていく。そして明治時代なかば，北海道庁の設置とともに倭人資本の大規模な進出のなかで，アイヌ・モシリは最終的にアイヌの手から切り離されていった。1898年の「北海道旧土人保護法」によって給与された土地も五町歩とはいうものの，多くは条件が悪く，漁業や狩猟の生業の場を奪われたアイヌに貧窮と差別の道を

強制する同化政策であったというほかない実態のものであった。さらに第二次大戦後の農地改革が，北海道においては，この給与地を不在地主と称してアイヌから取り上げる結果をもたらしたのである。

　こうして，現在でもアイヌ民族に対する構造的な差別が存在していることは本書が引用した諸統計に明らかであり，これをどう受け止めるかは日本の歴史学にとって根本問題の一つである。私は，日本の歴史の最大の特徴は，近代にいたるまで，その北部に原始の伝統をひく無国家の共同体社会が続いていたことにあると思う。強靱な生命力をもって北海の自然と共生し，それを維持することを社会秩序としてきた民族の存在である。しかも，彼らは，大陸から千島列島にいたる交易ネットワークに適合する形で，北海の自然に対して持続可能な開発を行ってきた。

　まず確認するべきことは，このような列島の棲み分けが倭人国家とアイヌにとって長期的な安定要因であったことであろう。倭人国家はアイヌ民族を「北の障壁」とし，アイヌ民族はながく倭人を主要な交易相手としてきたのである。もとより，この関係には一方的な性格があり，倭人国家はアイヌ民族社会とその富を順次に収奪してきた。源頼朝の奥州戦争がアイヌ境界国家を消滅させ，室町時代以降の「近世化」から明治維新のなかで民族間関係としてはあってはならない行為が行われた。これは国連が勧告するように，アイヌ民族の先住民族としての諸権利を正面から認め，民族間関係を恢復する取り組みによってしか取り戻すことのできない歴史的負債である。この意味で，私は，アイヌ民族のコミュニティを十全に維持することは日本の歴史と文化のために必須の問題であると考えるが，同時にそのためには，北海道をふくめた列島社会自体がコミュニティの連鎖する協同社会となることを必要としているように思う。それは明らかに将来社会の構想に関わる問題なのである。それを社会的な合意としていく上で歴史学の役

割はきわめて大きい。

榎森進（えもり・すすむ，1940- ）
　山形県天童市生まれ。東北大学文学部卒業，北海道松前町史編集長，函館大学教授，東北学院大学文学部教授などを歴任。

参考・関連文献
　入間田宣夫「北方海域における人の移動と諸大名」（『北から見直す日本史』大和書房，2001年）
　大石直正など『周縁からみた中世日本』（『日本の歴史14』講談社，2001年）
　菊池勇夫『アイヌ民族と日本人』（朝日選書，1994年）
　児島恭子『アイヌ民族史の研究』（吉川弘文館，2003年）
　瀬川拓郎『アイヌ学入門』（講談社現代新書，2015年）

著者略歴

保立道久（ほたて・みちひさ）

1948年東京都生まれ。国際基督教大学卒業，東京都立大学大学院人文科学研究科修了。東京大学史料編纂所教授，所長を経て，東京大学名誉教授。専門は日本中世史。著書に，『中世の愛と従属』（平凡社），『平安王朝』（岩波新書），『物語の中世』（講談社学術文庫），『中世の女の一生』（洋泉社），『平安時代』（岩波ジュニア新書），『黄金国家』（青木書店），『歴史学をみつめ直す』（校倉書房），『義経の登場』（NHKブックス），『かぐや姫と王権神話』（洋泉社新書y），『歴史のなかの大地動乱』（岩波新書），『中世の国土高権と天皇・武家』（校倉書房）など。

ブックガイドシリーズ　基本の30冊
日本史学

2015年9月20日　初版第1刷印刷
2015年9月30日　初版第1刷発行

著　者　保立道久

発行者　渡辺博史

発行所　人文書院

〒612-8447 京都市伏見区竹田西内畑町9
電話 075-603-1344　振替 01000-8-1103

印刷所　創栄図書印刷株式会社
製本所　坂井製本所
装　丁　上野かおる

落丁・乱丁本は小社送料負担にてお取替えいたします

© 2015 Michihisa HOTATE　Printed in Japan
ISBN978-4-409-00112-7 C1300

JCOPY〈(社)出版者著作権管理機構委託出版物〉

本書の無断複写は著作権法上での例外を除き禁じられています．複写される場合は，そのつど事前に，(社)出版者著作権管理機構（電話 03-3513-6969, FAX 03-3513-6979, e-mail: info@jcopy.or.jp）の許諾を得てください．

ブックガイドシリーズ　基本の30冊　既刊

東アジア論　丸川哲史

倫理学　小泉義之

科学哲学　中山康雄

文化人類学　松村圭一郎

政治哲学　伊藤恭彦

メディア論　難波功士

グローバル政治理論　土佐弘之編

日本思想史　子安宣邦編

環境と社会　西城戸誠，舩戸修一編

経済学　根井雅弘編

宗教学　大田俊寛

日本史学　保立道久

(四六版ソフトカバー)